AF192179

Éditions DIASPORAS NOIRES

www.diasporas-noires.com

©Léopold Ndiaye 2011

N° ISBN version numérique : 9791091999328
N° ISBN version imprimée : 9791091999335
Date de publication numérique : 10 décembre 2011

MEMENTO DE

MICROFINANCE

Dirigeants élus

des Systèmes Financiers Décentralisés

Par Léopold NDIAYE

Ancien Président du Conseil d'Administration

de l'Union des Institutions

Mutualistes Communautaires

d'Epargne et de Crédit du Sénégal

(U-IMCEC / Sénégal)

A Monsieur Ousmane THIONGANE
Directeur Général de l'Union des Institutions Mutualistes
Communautaires d'Épargne et de Crédit

A tout le personnel et dirigeants élus
de l'U-IMCEC/ SENEGAL"

AVANT-PROPOS

Les institutions de microfinance sont dirigées par des organes dont les membres sont élus en Assemblée Générale. La nouvelle réglementation a sans doute renforcé d'une certaine manière leurs pouvoirs. Cependant, le problème majeur que nous constatons pour l'exercice de leur mission est le manque de formation et le déficit d'information.

En effet, l'accès aux documents de base qui puissent leur permettre de mieux appréhender la mission qui leur est dévolue et de prendre la pleine mesure de leurs responsabilités, constitue un handicap majeur. C'est pour pallier à ce manque, que nous voulons mettre à leur disposition ce petit guide, qui contient les informations de bases sur la gouvernance, le fonctionnement et les prérogatives des organes d'administration et de gestion à savoir le Conseil d'Administration et le Comité de Crédit. Le Conseil de surveillance qui est l'organe de contrôle fera l'objet d'un autre guide pour des raisons pratiques. Ce guide n'a donc pas la prétention d'être complet, mais nous voulons à travers lui apporter notre modeste contribution en notre qualité d'ancien membre de ces organes. L'étendue du sujet fait que son étude ne peut être épuisée dans le cadre d'un simple guide qui se veut être un document de chevet que les membres d'organes pourront consulter à chaque moment pour se rafraîchir la mémoire.

Ainsi, toute œuvre humaine étant imparfaite, nous nous excusons d'avance des imperfections et manquements contenus dans ce guide. Nous remercions par ailleurs tous ceux qui de près ou de loin nous ont soutenus et encouragés à mener à bien ce travail.

Je ne saurai passer sous silence le soutien indéfectible de l'ensemble du personnel de l'U – IMCEC ainsi que les dirigeants élus, qui m'ont aidé par leurs conseils et leurs critiques objectives, à parfaire ce travail

Fait à Dakar, le 2 octobre 2011

Léopold NDIAYE, ancien PCA U – IMCEC / SENEGAL

« *Vous savez mieux que moi, quels que soient nos efforts,*

Que l'argent est la clef de tous les ressorts,

Et que ce doux métal qui frappe tant de têtes,

En amour comme en guerre, avance les conquêtes. »

Molière

SOMMAIRE

INTRODUCTION

La microfinance est une offre de services financiers destinée aux populations les plus démunies, habituellement exclues du système bancaire traditionnel par manque de garanties (pas de revenus, pas de patrimoine).

La microfinance a une longue histoire. Des systèmes de tontines existent depuis plusieurs siècles en Afrique et en Asie. En Irlande, Swift mit en place au XVIIIe siècle un système de prêts sans collatéral à des artisans. Des coopératives de crédit et d'épargne se sont aussi développées dès les années 1850 en Prusse avec le bourgmestre Friedrich Raiffeisen. Mais la microfinance s'est développée sous son aspect moderne dans les années 1970 seulement, au Bangladesh notamment avec Muhammad Yunus, mais aussi en Inde, au Brésil, au Kenya, au Ghana, au Togo...

Les modes de financement des institutions de microfinance ont notablement évolué marquant l'inclusion de la microfinance dans le système financier. Jusqu'au début des années 1990 la microfinance étant principalement le fruit d'initiatives locales, son développement s'est appuyé sur des ressources gratuites ou quasi gratuites des bailleurs de fonds publics. Pendant cette période les institutions de microfinance ont démontré qu'elles pouvaient offrir des services financiers viables et profitables. Aux alentours de 2000, le secteur de la microfinance a évolué vers une commercialisation accrue : au-delà de la démonstration du succès de quelques expériences, il s'est alors agi de toucher un nombre significatif de personnes dans le monde de manière économiquement viable. Au même moment, la microfinance commençait à pénétrer le secteur financier formel, avec la création de fonds d'investissement dédiés à la microfinance, ou des partenariats entre banques traditionnelles et institutions de microfinance.

Cependant, cette explosion et cette professionnalisation croissante du secteur de la microfinance ne sont pas allées de pair avec des dirigeants de qualité, au fait parfaitement des tenants et aboutissants du secteur. Nous avons constaté que les membres des organes qui sont sensés être les dirigeants de ces institutions sont restés à leur stade le plus élémentaire du terme.

En effet, alors que l'administration et le contrôle de ces institutions requièrent un minimum de connaissances en phase avec le développement du secteur, tant du point de vue de l'orientation stratégique que du contrôle opérationnel, mais également et surtout de l'avant-gardisme visionnaire et proactif apte à booster les SFD dans bien des domaines, nous constatons que ces dirigeants pour la plupart du temps « administrent » ces institutions avec le peu de connaissances empiriques et expérimentales acquises dans leurs activités au sein du mouvement associatif.

C'est pour la plupart du temps des personnes choisies parmi leurs pairs parce qu'étant en général plus volontaires ou volontiers, mais qui ne sont pas généralement bien armées et préparées à assumer de telles responsabilités. D'abord il se pose en leur sein un problème de niveau d'instruction qui pour la plupart est assez bas, mais aussi de la capacité d'analyse et de critique constructive, objective et désintéressée en tout ce qui concerne l'orientation et la vie de l'institution.

Par ailleurs, pour ceux qui ont un niveau assez élevé, il se pose comme nous l'avons dit plus haut, un problème d'accès aux documents de base nécessaire à l'exercice de leur mission. Enfin, le déficit de formation continue réduit à la longue ces dirigeants en simples béni-oui-oui.

Il urge désormais de rompre avec cette pratique et cette culture, qui la plupart du temps « fabrique » des dirigeants « alimentaires » et qui à la longue peut créer une situation conflictuelle permanente entre techniciens et dirigeants élus. Cependant, il est heureux de constater que depuis un certain temps, il émerge dans les SFD, de plus en plus des dirigeants de qualité, soucieux du développement de leur institution et qui font des efforts énormes pour se former et maintenir le cap.

C'est à tous ceux-ci que ce guide est destiné. Il est en effet un recueil analytique de certains écrits et réflexions sur la microfinance en partant de son histoire, jusqu'au fonctionnement des organes d'administration et de gestion. Mais un tel guide ne pourrait être cohérent s'il ne faisant mention de la réglementation, principalement celle qui concerne les organes d'administration et de gestion. C'est pourquoi, nous avons essayé de commenter les principales dispositions qui régissent ces organes pour mieux orienter les dirigeants élus sur leurs prérogatives et leurs responsabilités au regard de la loi. Enfin, qui dit dirigeant, élu ou pas, dit gouvernance. Ainsi nous avons fait une brève incursion sur la notion de gouvernance des Systèmes Financiers Décentralisés, notamment les grands principes directeurs de la bonne gouvernance de ceux-ci.

CHAPITRE I : Un peu d'histoire

Section 1. Au tout début...

Le prêt existait tant pour des activités commerciales que sociales. L'épargne était en nature et l'assurance n'existait pas formellement. On pouvait constater :

- Des prêts informels au sein de la famille/communauté
- Des usuriers
- Des prêts au sein des réseaux de marchands
- Des Chit Funds (Inde), premiers mécanismes de type Tontine, dédiés à l'épargne
- un Code Hammurabi (Mésopotamie, -1750, somme de jurisprudence et non-code légaliste) : Autorisation du prêt à intérêt avec régulation du taux : 20% pour les prêts en argent, 33% pour les prêts en semence.

Les sociétés « premières » ou animistes...

« Dans les sociétés " premières ", par exemple les anciennes sociétés africaines, ces sociétés où la quête de nourriture est primordiale, on observe que la dignité humaine y est pensée en termes d'équivalence au regard des biens nécessaires à la vie : tel homme (ou telle femme) vaudra, par exemple " deux chameaux et une brebis ". Cela veut dire que, symboliquement, il (ou elle) est " digne " d'une telle équivalence. » Bernard-Marie Dupont, 2006

« C'est avec le jus du poisson que l'on prépare le poisson (l'argent amène l'argent). »
Dans les cultures Amérindiennes et pacifiques, il existe la notion de Potlach, qui exprime « à la fois et d'un coup toutes sortes d'institutions : religieuses, juridiques et morales − et celles-ci politiques et familiales en même temps ; économiques − et celles-ci supposent des formes particulières de la production et de la consommation, ou plutôt de la prestation et de la distribution. » Marcel Mauss, Essai sur le don, formes et raisons de l'échange dans les sociétés archaïques

L'Ancien Testament...

« Dieu les bénit, et Dieu leur dit : Soyez féconds, multipliez-vous, remplissez la terre, et l'assujettissez ; et dominez sur les poissons de la mer, sur les oiseaux du ciel, et sur tout animal qui se meut sur la terre ». Genèse 1:28

« Si ton frère devient pauvre, et que sa main fléchisse près de toi, tu le soutiendras ; tu feras de même pour celui qui est étranger et qui demeure dans le pays, afin qu'il vive avec toi. Tu ne tireras de lui ni intérêt ni usure, tu craindras ton Dieu, et ton frère vivra avec toi. Tu ne lui prêteras point ton argent à intérêt, et tu ne lui prêteras point tes vivres à usure. » Lévitique, chap. 25, versets 35 à 37

« Si tu fais à ton prochain un prêt quelconque, tu n'entreras point dans sa maison pour te saisir de son gage ; tu resteras dehors, et celui à qui tu fais le prêt t'apportera le gage dehors. Si cet homme est pauvre, tu ne te coucheras point, en retenant son gage ; tu le lui rendras au coucher du soleil, afin qu'il couche dans son vêtement et qu'il te bénisse ; et cela te sera imputé à justice devant l'Éternel, ton Dieu. » Deutéronome, chap. 24, versets 10 à 13

L'argent est une bénédiction et doit bénéficier à tous, mais l'accumulation génère des inégalités et déstructure les rapports sociaux et moraux. Le Deutéronome introduit des prescrits légaux organisant la charité et la redistribution.

Avant JC : conclusions

- Quelle est la place de l'activité économique ?
  - ➤ Insertion dans un ensemble social très cohérent : religion, politique, société, famille
  - ➤ Économie de subsistance, de rareté, de risques et de fatalité

- Comment est perçu l'argent ?
  - ➤ L'argent comme étalon universel de valeur permet l'échange
  - ➤ L'accumulation de l'argent est perçue négativement car cela remet en question les hiérarchies existantes : religions, nobles, etc... et cela créé des tensions sociales (endettement, arnaques, vols, esclavage)
  - ➤ L'argent doit circuler pour créer de la valeur sociale
- Le crédit existe déjà sous différentes formes, ainsi que l'usure unanimement condamnée mais toujours pratiquée. Il est le fait d'individus, marchands ou nobles, engagés dans des activités commerciales : le crédit est vu comme un moyen de produire de la richesse financière ou sociale.
- Les prescrits moraux sont très forts et servent de contrôle des activités financières en vue de protéger l'ordre politique et social, entendu que l'esclavage de conquête ou comme solution au surendettement reste largement répandu dans certaines sociétés

Section 2. Christianisme, le Nouveau Testament...

Il est plus aisé qu'un chameau passe par le trou d'une aiguille qu'il ne l'est qu'un riche entre dans le royaume des cieux. »
Evangile selon Saint-Mathieu (Chapitre 19 verset 24)
Les textes et les édits condamnent fortement la volonté de lucre, l'usure voire le prêt !

- 30 deniers de Judas, le veau d'or et l'argent-icône
- Valorisation de la pureté par la simplicité, la pauvreté et le don : parabole de la vieille dame, marchands du temple, multiplication des pains...
- Concile de Latran (1139) interdit le prêt à intérêt : en Europe, les juifs sont alors les seuls dont la religion n'interdit pas le prêt à intérêt, et comme ils n'ont pas accès à la terre et que certaines professions leurs sont interdites, ils se rabattent sur les activités financières.

A côté des Ordres ayant fait vœux de pauvreté, l'Institution ecclésiastique devient un centre de richesse inouï : Palais, bibliothèques, terres immenses, habits de cérémonie couverts d'or, indulgences, trésors, Croisades et conquêtes-évangélisations. L'Eglise est un centre de pouvoir et de richesse comparable aux grands empires.
1462   : création du Mont de Piété.

Section 3. Judaïsme…

"Le niveau (de tzedaka) [1] le plus élevé, au-dessus duquel il n'y en a pas d'autre, est celui où, pour redonner de la force à autre Juif, on lui donne une somme ou un prêt, où on établit un partenariat avec lui, où on lui trouve un travail pour donner de la force à son bras jusqu'à ce qu'il n'ai plus besoin de mendier " Maïmonide (1138 – 1204)   *[1] définition restrictive de tzedaka : assistance financière aux pauvres. Définition large de tzedaka : apporter la justice et la droiture dans le monde.*

Basé sur l'Ancien Testament, la religion judaïque n'a pas eu un virage radical comme la religion chrétienne : posséder de l'argent implique vis-à-vis de Dieu des actions et des obligations, c'est-à-dire agir dans la société en ayant des obligations morales.

Le corpus de règle régissant le rapport à l'argent reste religieux et ne concerne que les membres de cette religion. Il n'y a pas de danger spirituel à être riche à condition que tout le monde puisse accéder à la richesse.

Section 4. Islam : principes…

La thésaurisation et l'exploitation de l'argent sont explicitement désignées de manière négative : la richesse du monde, propriété d'Allah, doit circuler et être redistribuée (aumône légale) au bénéfice de la communauté des croyants. Il n'y a pas de valorisation de la pauvreté ou de l'ascèse, car cela empêcherait de participer à la solidarité entre croyants.

« *Ceux qui mangent [pratiquent] de l'intérêt usuraire ne se tiennent (au jour du Jugement dernier) que comme se tient celui que le toucher de Satan a bouleversé. Dieu autorise le commerce et interdit l'usure (riba)* » Le Coran, Sourate II, verset 275

Ô croyants ! Craignez Dieu ; et renoncez au reliquat de l'intérêt usuraire, si vous êtes croyants. Et si vous ne le faites pas, alors recevez l'annonce d'une guerre de la part de Dieu et de Son messager. Et si vous vous repentez, vous aurez vos capitaux. Vous ne léserez personne, et vous ne serez point lésés.'

Coran, Sourate II, versets 278 et 279.

Section 5. Asie : entre bénédiction et matérialisme…

L'homme sage et moral brille comme un feu au sommet d'une montagne sans causer de dommages aux fleurs. Un tel homme construit son siège graduellement, comme une fourmilière. Devenu Riche Il peut alors aider sa famille et s'attacher fermement ses amis. Il doit diviser sa fortune en quatre parts. Avec la première, il doit vivre. Avec la deuxième et la troisième, il doit étendre ses activités et il doit conserver la quatrième pour protéger sa famille en cas de besoin. *Dīgha Nikāya, pt. Īl of Dialogues of the Buddha*

Il n'y a pas de Dieu Unique en Asie, pas de textes fondateurs. L'argent est généralement vu comme une bénédiction des ancêtres et le prêt à intérêt n'est pas tabou.

Le Bouddhisme est la seule religion asiatique qui instaure une certaine modération par rapport à l'argent, valorisant plutôt la richesse spirituelle que matérielle.

Section 6. Le capitalisme et les banques...

- Le mot « banque » apparaît en Français au XV siècle. Les activités sont fort réglementées par le Roi, mais dans une optique de taxation.
- Les premières techniques de banque sont développées en Italie, pour faciliter le commerce international : invention du compte à vue, de la comptabilité en partie double, de la lettre de change. La première faillite d'une banque capitalisée par action : 1740
- La réforme, qui donne naissance au protestantisme (Luther et surtout Calvin), amène un courant de pensée pour qui la réussite financière est un signe d'élection divine.
- « *Quand vous disposez d'une petite somme, il est souvent facile d'en gagner plus. La grande difficulté est d'obtenir cette petite somme.* » Adam Smith, *Wealth of Nations, 1776*
- **Lorenzo de Tonti**

(Né vers 1602, mort probablement en 1684) est un banquier napolitain que l'on regarde comme le formalisateur de la Tontine, une sorte d'assurance-vie avec des éléments de jeu de hasard.)

Le capitalisme, les banques et les pauvres...

Les banques ne concernent que les riches commerçants et notables. Des milliers de petits commerçants ou agriculteurs n'ont pas accès à des services d'épargne et de crédit. De nouvelles initiatives voient le jour avec succès :

"Un emprunteur possède une petite ferme de montagne. Avec son prêt, il achète quatre livres de chanvre et ses quatre filles le filent ; avec leur aide et la vente, il rembourse ses échéances et il lui reste 4 livres de bénéfice. Il achète une vache qui vaut maintenant 6 livres. Il a à présent trois vaches et dit qu'il est maintenant tellement à l'aise qu'il va peut-être arrêter d'emprunter." Troisième rapport annuel du "Loan Fund Board" d'Irlande – 1841.

'Faisons ensemble ce pour quoi nous sommes trop petits seuls' Frédéric-Guillaume Raiffeisen (1818 – 1888), maire d'une petite ville allemande, qui organise le financement des petits agriculteurs à travers un système coopératif.

Section 7. La microfinance semi-formelle...

Les premières coopératives d'épargne et de crédit émergent dans les années 60, au Burkina, au Cameroun. Les premières ONG de microcrédit arrivent en Asie dans les années 70 : Grameen, BRI, BRAC.

Constat : Les mêmes problèmes que les banques publiques et constat d'échec de celles-ci

Solution :

- Initiatives endogènes la plupart du temps (coopératives, ONG locales,...)
- Ciblage micro-économique principalement, méthodologie de groupe
- Couplage des services financiers avec des activités non-financières

- Pas de recherche de profits (statuts des IMF correspondants)
- Collecte de l'épargne comme source de financement ou subsides de bailleurs de développement.

Deux modèles :

- Coopératif : un homme, une voix. Client-propriétaire.
- ONG : leader charismatique ou projet de développement intégré d'ONG internationales.

CHAPITRE II : La microfinance moderne

Section 1. Le père fondateur

Selon la légende, le micro-crédit a été " inventé " par le Professeur Muhammad Yunus dans les années 70, au Bangladesh. La Grameen Bank, qui a résulté de cette invention, repose sur un constat et un principe très simple : les plus pauvres des pauvres n'ont pas accès aux banques, et donc au crédit, car ils ne peuvent offrir de garanties, ne possédant rien. Ils sont donc à la merci des usuriers et autres banquiers de rues, qui leur prêtent chaque matin de quoi assurer une activité économique minimale, génératrice d'un faible revenu dont une grande partie servira à rembourser le prêt du matin, et ce qui reste à acheter de quoi se nourrir et nourrir sa famille. C'est un cercle vicieux, qui empêche de dégager le moindre surplus, et qui la plupart du temps génère des dettes s'étendant sur plusieurs générations.

La solution du Professeur Yunus consiste à prêter à ces pauvres, mais collectivement, de façon solidaire. C'est dans la logique et le lien du groupe que réside la garantie qui manquait aux banques : le prêt est octroyé à un individu, à condition qu'il fasse partie d'un groupe de 4 ou 5 autres individus qui s'engagent à assister l'emprunteur dans sa gestion du prêt, mais surtout à rembourser ce prêt si l'emprunteur n'est pas en mesure de le faire lui-même. De plus, si le prêt n'est pas remboursé, aucun des membres du groupe ne pourra prétendre à un prêt pour lui-même (c'est ce qu'on peut appeler aujourd'hui la caution solidaire notamment avec les Groupements de Promotion Féminine et les Groupements d'intérêt Economique).

Ce système a été appliqué essentiellement à des femmes (car l'on s'est aperçu qu'elles remboursaient mieux), et en milieu rural, afin de toucher les plus pauvres. Il s'est développé très rapidement, et l'on est vite arrivé à un taux de remboursement des prêts de plus de 97%. Dès lors, la " recette miracle " pouvait être exportée de par le monde.

Grameen, une entreprise généraliste :
- Services d'épargne et de crédit
- Grameen ladies : phone shop
- Grameen – Danone : production de yaourts avec les ressources locales, vendus à un tarif Grameen
- Grameen training and services

Possédée par ses clients (94% et 6% pour l'état)

Section 2. Quelques dates importantes :

➡ **1653** : un financier italien, Lorenzo Tonti, appelé en France auprès de Mazarin, crée une nouvelle formule d'épargne sous forme d'association d'épargnants. Il donnera son nom à la tontine.

➡ **1720** : à Dublin, Dean Jonathan Swift est le premier à prêter de petits montants à des artisans pauvres de la ville. Son initiative est imitée au cours des décennies suivantes par plusieurs organismes irlandais comme la Dublin Musical Society.

➡ **1849** : Pierre-Joseph Proudhon fonde en France la « Banque du Peuple » qui distribue des crédits gratuits. Si cet établissement ne vit que quelques semaines, d'autres banques se créeront en suivant son exemple au cours des années suivantes.

➡ **1864** : l'Allemand Friedrich-Wilhelm Raiffeisen fonde en Rhénanie la première société coopérative de crédit mutuel. Son objectif : offrir aux banques des cautions mutuelles afin que les paysans démunis accèdent au crédit.

➡ **1893** : en France, c'est Louis Durand qui crée la première Caisse rurale et ouvrière sur le modèle Raiffeisen. Dans les années qui suivent, l'Etat français lance, sur le même mode, le Crédit Agricole pour tenter de réorganiser et soutenir l'agriculture.

➡ **1900** : au Canada, Alphonse Desjardins met en place la première « caisse populaire » qui généralise l'épargne et un système de crédit accessible aux ouvriers comme aux agriculteurs. Il participe ensuite à la constitution de coopératives d'épargne et de crédit aux Etats- Unis d'Amérique.

➡ **1952** : dans le numéro 82 du *Journal of the Royal Anthropological Institute*, l'anthropologue W.R. Bascom est l'un des premiers à décrire le fonctionnement de la tontine appelée « *esusu* » et utilisée notamment par les musulmans yorubas du Nigeria. Le système des tontines est en réalité très ancien et courant sur le continent africain comme sur le continent asiatique : on l'appelle ainsi « *paluwagan* » aux Philippines, « *gameya* » en Egypte, « *ekub* » en Ethiopie ou « *cuchubal* » au Guatemala. En Chine, par exemple, on sait qu'entre le IVè et le Xè siècle des activités de prêts avaient cours dans les temples bouddhistes. **1963** : fondation de l'Institut coopératif Desjardins, centre de formation du Mouvement Desjardins qui cherche à essaimer ses principes hors du Canada. Dans la foulée, il accueille ses premiers stagiaires étrangers venus notamment d'Afrique.

➡ **1963** : au Cameroun est montée la *Cameroon Cooperative Credit Union League,* l'un des tout premiers réseaux institutionnels de microfinance du continent africain. Des expériences de « *Credit Unions* » ou de Coopératives d'épargne et de crédit (Coopec) existent au Ghana, au Nigeria, au Kenya ou en Ouganda dès 1956. D'autres sont lancées en 1969 au Togo ou en 1972 au Burkina Faso.

➡ **1970 :** au cours des années soixante-dix, les expérimentations de microfinance par des organisations non gouvernementales (ONG) se multiplient un peu partout dans le monde

➡ **1973 :** à Recife, au Brésil, le personnel de l'ONG Accion, fondée en 1961 à Caracas, se lance dans l'appui à la création de systèmes de microfinancement à destination de microentreprises et des populations pauvres.

➡ **1980 :** les années quatre-vingt se caractérisent par l'apparition d'institutions de microfinance qui travaillent à grande échelle.

➡ **1983 :** après quelques années d'expérimentation, la Grameen Bank, fondée au Bangladesh par Muhammad Yunus, devient une banque indépendante. La même année naît en

République dominicaine l'ONG Ademi qui fournit des produits et services de micro-financement à une clientèle à faibles revenus.

➡ **1997**, elle reçoit un agrément bancaire pour créer une banque commerciale, la Banco Ademi, spécialisée dans les prêts aux microentreprises.

➡ **1984** : en Indonésie, la Bank Rakyat Indonesia, créée en 1950, est la première banque commerciale publique à développer un département microcrédit. Elle devient au fil des ans la banque la plus importante du secteur indonésien de la microfinance et la plus grande institution de microfinance rentable des pays du Sud. En 2001, elle compte plus de 2,7 millions de clients de micro-crédits, dont environ 25 % sont des femmes.

➡ **1984** : naissance de l'ONG Kenya Rural Enterprise Programme (K-Rep) qui se consacre à la microfinance.

➡ **1999**, elle lance une filiale, la K-Rep Bank limited, une banque de développement privée spécialisée dans le microfinancement.

➡ **1986** : Prodem, fondation pour la promotion et le développement des micro-entreprises, est créée, cogérée par Accion International et des milieux d'affaires boliviens.

➡ **1992** : Prodem donne à son tour naissance à une banque, Bancosol, qui devient l'une des plus grandes institutions de microcrédit d'Amérique latine.

➡ **1989** : l'Association pour le droit à l'initiative économique (Adie) voit le jour en France, montée par la Française Maria Nowak.

➡ **1990** : les années quatre-vingt-dix sont celles au cours desquelles beaucoup de projets de microfinance deviennent des institutions financières privées.

➡️ **1995** : la Banque mondiale institue le Groupe consultatif d'assistance aux pauvres (CGAP), qui réunit 29 bailleurs de fonds bilatéraux et multilatéraux en vue de soutenir le secteur de la microfinance.

➡️ **1995-1996** : le programme « *Sustainable Banking with the poor* » de la Banque mondiale répertorie les institutions de microfinance dans le monde : il dénombre alors 1000 institutions ayant au moins 100 clients et opérant depuis au moins trois ans. Une enquête menée en 1995 montre, elle, que l'encours total de crédits issus de la microfinance s'élève à 7 milliards de dollars et que plus de 13 millions de personnes en bénéficient.

➡️ **1996** : faillite de l'ONG colombienne Corposol, qui, en 1988, avait mis en place des activités de microcrédit. Après avoir atteint rapidement un nombre important de clients, l'organisation n'a pas réussi à développer des capacités d'organisation en adéquation avec son rythme de croissance.

➡️ **1997** : un premier Sommet du Microcrédit a lieu à Washington, organisé par une ONG américaine. Objectif : lancer une campagne globale pour que, d'ici à 2005, cent millions des familles les plus pauvres du monde reçoivent un crédit qui les aide à créer leur emploi.

➡️ **1997** : création du Centre pour la microfinance (MFC), devenu le plus important centre de formation et de services dans le secteur de la microfinance pour les pays de l'Est et de l'Europe centrale. Il relie un réseau de 86 institutions de microfinance.

➡️ **1998** : l'Assemblée générale de l'Organisation des Nations unies proclame 2005 « Année internationale du microcrédit », afin de souligner le rôle important du microcrédit dans la lutte contre la pauvreté.

➡️ **2003** : d'après l'ONG américaine Microcredit Summit Campaign, 82,5 % des 54,8 millions de personnes ayant bénéficié de services de microfinance dans le monde au cours de l'année 2003 sont des femmes.

➡ **2005** : année internationale du microcrédit.

➡ **Avril 2005** : pour la première fois en Afrique, une institution de microfinance lève des fonds en bourse : Faulu, une des plus importantes institutions de microfinance du Kenya, met sur le marché 5 millions d'euros d'obligations qui bénéficient d'une garantie à 75 % de l'Agence française de développement.

Source, AFD

Section 3. La microfinance « moderne » quelques données

- Tous les pays du monde : Asie Centrale, Asie du Sud-est, Amérique Latine, Amérique Centrale, Amérique du Nord, Afrique sub-saharienne, Maghreb, Moyen-Orient, Europe de l'Est, Europe de l'Ouest
- Plus de 10.000 institutions de microfinance
- Plus de 150 millions de clients
- 65% des IMF ont un retour sur investissement comparable au secteur bancaire
- Types d'institutions variables (hors tontine et groupes informels) : ONG, Associations, Fondations, Coopératives, Mutuelles, Sociétés d'intermédiation, Sociétés anonymes, S.A.R.L., banques, etc..
- Parties prenantes du secteur : IMF, Associations professionnelles, Gouvernements, Bailleurs de fonds (CGAP), ONG de développement, Associations de migrants, Banques commerciales, Fonds d'investissement,

Sociétés de transfert de fonds, téléphonie mobile, informatique, grandes entreprises (Danone), agences de rating, entreprises de consultants

- Croissance de 25/30% depuis 2003
- Population cible potentielle : 1,5 milliard de personne

Section 4. La microfinance dans la zone UEMOA

La situation globale du secteur de la microfinance dans la zone UEMOA résulte d'un double mouvement :

✓ D'une part, au cours des années 1960-70 se sont structurées dans la plupart des 8 pays des Coopec (Coopératives d'épargne et de crédit) sur le modèle des grands réseaux mutualistes existants en France (Crédit Agricole, Crédit Mutuel). Les coopératives étaient rassemblées au sein de mouvements contrôlés par l'Etat et affiliés à une Caisse Nationale publique. Dans la lignée de ce modèle institutionnel initial, très orienté sur la collecte de l'épargne et le financement du secteur rural, se situent par exemple des institutions comme les RPCB au Burkina Faso (1972), la FUCEC au Togo (1983), les CREP/BNDA en Cote d'Ivoire (1976)... Ces institutions étaient soumises pour partie à la loi bancaire (pour leur organe financier central) et pour partie à la législation nationale applicable aux coopératives. L'échec financier de nombre des Caisses Centrales publiques a fortement mis en cause ce modèle dans les années 80-90.

✓ D'autre part, dans la seconde moitié des années 80 on a assisté à l'émergence, dans la lignée d'un phénomène en cours dans nombre de pays en développement, de nouvelles institutions aux activités clairement orientées vers les populations urbaines ou rurales exclues de tout service financier par les établissements existants (banques, Caisses d'Epargne postales), qui allaient incarner la « microfinance » en UEMOA. Pour certaines, elles se rattachaient à la philosophie mutualiste et coopérative (le CMS au Sénégal en 1988, ACEP en 1993 ou Kafo Jiginew au Mali en 1987…, pour d'autres elles étaient structurées sur une base associative (comme les Caisses Villageoises – exemple : les CVECA du pays Dogon en 1986), pour d'autres enfin, elles étaient rattachées à des projets de développement rural gérés par des ONG avec un volet crédit.

D'emblée, ces IMF se sont distinguées par deux approches différentes :

- les unes, dans la logique « Grameen bank » se positionnant en « distributrices » de microcrédits (essentiellement solidaires),

- les autres axant leur démarche sur la logique de l'épargne comme préalable à l'accès au crédit (mutualistes).

L'effervescence du secteur conduisit au début des années 90 les Autorités monétaires (la BCEAO) à mettre en place un processus de création d'une réglementation applicable au secteur, avec l'appui technique de l'ACDI et de la DID (coopération canadienne). Le résultat en fut la loi PARMEC et ses textes d'application, transposés dans le droit des 8 pays de la sous-région dans les années 94 à 96. Le cadre légal mis en place, sous forme de décret uniforme du conseil des ministres de l'UEMOA était très fortement orienté vers les IMF de type Coopec.

Ainsi, les IMF sont essentiellement désignées comme SFD (Systèmes Financiers Décentralisés) par référence aux dispositifs mutualistes composés de Caisses Locales regroupées en Union, Fédérations et Confédérations. Cependant, les débats menés autour du dispositif PARMEC lors de sa préparation entre les

Autorités monétaires (AM), les Ministères des Finances nationaux, les partenaires techniques et financiers concernés, les structures professionnelles en émergence ont abouti à élargir le concept aux autres formes juridiques d'IMF de type « para mutualiste » (réseaux associatifs), sociétés commerciales, institutions non mutualistes diverses de type « fondations » ou associations « d'utilité publique » en leur ouvrant la possibilité de reconnaissance et d'agrément dans le contexte de la « convention-cadre ».

Au total, sur environ 2000 IMF intervenant à ce jour dans les 8 pays (dont une cinquantaine de grands réseaux mutualistes et une multitude de micro-institutions), environ 75% relèvent de la logique coopérative (IMCEC), le reste se rattachant au régime de la convention-cadre. Les nouvelles dispositions proposées par l'acte uniforme du 6 avril 2007 ont pour résultat premier d'unifier le régime réglementaire de l'ensemble des IMF de la sous-région, indépendamment de leur nature juridique, exonérant donc les IMF non IMCEC de la contrainte anxiogène de la « convention-cadre », qui n'est valable que 5 ans et renouvelable sous examen des Autorités monétaires (AM).

Dans le même temps, elles sont très fortement incitatives à un renforcement de la professionnalisation du secteur, obligeant les IMF de toute catégorie à obtenir un agrément en bonne et due forme des AM (suppression du régime de la reconnaissance simple), à rapporter à la tutelle et aux AM et à adhérer aux Associations professionnelles nationales. Elles devraient entraîner à terme une disparition des groupements de fait d'épargne et de crédit et une tendance forte à la concentration du secteur. *(Guide méthodologique du contrôle interne, octobre 2010)*

Section 5. La microfinance au Sénégal : quelques données

Le secteur de la microfinance a connu un développement fulgurant au cours de la dernière décennie en rapport avec l'essor de la dynamique associative et la lutte contre la pauvreté. En décembre 2005, on dénombre plus de 833 systèmes financiers décentralisés (SFD) reconnus (réseaux, mutuelles d'épargne et de crédit, groupements d'épargne et de crédit et structures signataires de Convention-cadre).

Le secteur financier au Sénégal est caractérisé par une dualité entre le système bancaire d'une part, le système financier informel et les expériences de financement décentralisé de l'autre.

L'évolution des systèmes financiers décentralisés (SFD) est marquée par trois périodes :

Paragraphe 1.

Une **première période** caractérisée par la crise bancaire a la fin des années 80. Elle a permis la mise en œuvre de réformes importantes pour assainir le secteur bancaire et l'apparition des premières structures d'épargne et de crédit. Au cours de cette période, il a été adopté un dispositif transitoire relatif à l'organisation et aux conditions d'agrément et de fonctionnement des structures mutualistes d'épargne et de crédit (Arrêté n°1702 du 23/02/1993).

Si ce texte a pu favoriser l'agrément de 120 institutions, il n'avait prévu aucune disposition sur la reconnaissance des groupements d'épargne et de crédit.

Paragraphe 2.

Une **deuxième période** caractérisée par la mise en place d'un cadre juridique régissant les SFD. Elle se situe entre 1993-2003 et est marquée par l'émergence du secteur et la mise en place du cadre juridique régissant les institutions. Cette période a permis une croissance fulgurante du secteur avec la mise en place de réseaux d'institutions (regroupement de certaines structures comme les unions, fédérations et confédérations en réseau pour se doter d'une institution faîtière).

Paragraphe 3.

Une **troisième période** caractérisée par la consolidation et la professionnalisation du secteur à partir de 2003. Elle a permis de maîtriser d'avantages les risques avec le renforcement de la surveillance du secteur. On assiste à :
- une gestion professionnalisée des institutions ;
- des contrôles efficaces du personnel des réseaux ;
- la recherche d'un meilleur équilibre institutionnel et financier.

Quelques infos & chiffres clés : Au 31 Décembre 2009, le secteur enregistre :
° un actif de 258 milliards FCFA;
° 353 SFD agrées dont :
° 13 réseaux de microfinance;
° 332 mutuelles et coopératives non affiliées à un réseau;

° 08 structures sous convention;

° 205 GEC qui devront disparaître bientôt à cause de la nouvelle loi;

° 120 milliards FCFA d'encours de dépôts;

° 141 milliards FCFA d'encours de crédit;

° 1,3 million de clients/membres d'institution de microfinance;

° 290 000 emprunteurs actifs

Quelques infos & chiffres clés : Au **31 Décembre 2010**, le secteur enregistre :

° **1 447 700** clients avec un taux de pénétration de 12,07%;

° **44%** des clients sont des femmes;

° **Baisse de -4,81%** du taux d'encours des dépôts qui estimé à 135,2 milliards de FCFA sur 1 132 000 épargnants. ;

° **26%** du taux d'encours des dépôts représente les dépôts à terme;

° **Augmentation de +4,37%** du taux d'encours de crédit qui est passé à 170, 45 milliards de FCFA sur un total de 385 000 emprunteurs actifs;

° **Augmentation de +3%** du total actif estimé à 253 milliards FCFA;

° **un PAR 30 de 4,8%** contre 6,79% en décembre 2009;

° **0,26%** de taux d'abandons des créances;

° **Baisse de -4,34%** du ratio d'autosuffisance opérationnelle;

CHAPITRE III : Quelques définitions

L'activité de **microcrédit** consiste généralement en l'attribution de prêts de faible montant à des populations entrepreneurs qui ne peuvent accéder aux prêts bancaires classiques.

La **microfinance**, quant à elle, fait référence à l'offre de services financiers aux populations pauvres et à faibles revenus, qui ont peu ou n'ont pas accès aux services financiers bancaires, dans le but de satisfaire les besoins de leur ménage ou de leurs activités économiques et professionnelles.

Les **services financiers** dont il s'agit ici sont principalement de deux types, épargne et crédit, auxquels s'ajoutent maintenant la micro-assurance et les services de transfert (soumis à une autorisation spéciale).

Une Institution de microfinance est une organisation financière qui doit, à terme, couvrir ses dépenses et dégager une marge sans appui extérieur pour être viable et continuer à offrir ses services. Il offre des services financiers à des personnes à revenus modestes qui n'ont pas accès ou difficilement accès au secteur financier formel. Par ailleurs, les clients des SFD ont besoin des services financiers pour, entre autres, sécuriser leurs disponibilités et mener principalement des activités génératrices de revenus.

Dans la **Loi 2008-47**, un **Système Financier Décentralisé** (SFD) est une institution dont l'objet principal est d'offrir des services financiers à des personnes qui n'ont généralement pas accès aux opérations des banques et établissements financiers tels que définis par la loi portant réglementation bancaire et habilitée aux termes de la présente loi à fournir ces prestations.

Par **Services Financiers,** il faut comprendre les opérations de collecte de dépôts, d'octroi de prêt d'argent et d'engagement par signature.

Un réseau est un ensemble d'institutions affiliées à une même union, fédération ou confédération

Un prêt est tout acte par lequel un système financier décentralisé met, à titre onéreux, des fonds à la disposition d'un membre ou d'un client à charge pour ce dernier de les rembourser à l'échéance convenue.

Organes de Décision : (Assemblée Générale Ordinaire, Conseil d'Administration, Conseil de Surveillance, Comité de Crédit) d'une IMF : Sont les Organes de Décision d'un SFD de type Mutualiste. Ils sont élus par les Membres/Sociétaires lors de l'Assemblée Générale Ordinaire qui reste l'Organe Suprême d'un SFD.

Agence : Structure sans personnalité juridique dépendant du siège social d'un système financier décentralisé et doté d'une autonomie de gestion selon les modalités prévues par les statuts du système financier décentralisé ;

Association professionnelle : Regroupement de l'ensemble des systèmes financiers décentralisés d'un Etat membre chargé, entre autres, d'assurer la promotion et la défense des intérêts collectifs de ses membres. Au Sénégal, il y a l'Association Professionnelle des SFD (AP/SFD Sénégal). L'Association Professionnelle des Systèmes Financiers Décentralisés poursuit notamment les objectifs ci-après :

· assurer la promotion et la défense des intérêts collectifs de ses membres ;

· favoriser la coopération entre ses membres ;

· assurer la formation de ses membres ;

· organiser et assurer la gestion de services d'intérêt commun en faveur de ses membres ;

· informer le public sur ses activités ou les initiatives prises ou entreprises dans le cadre de sa mission.

Agent de Crédit : Un membre du personnel technique d'un SFD ; il a pour tâche la mise en place et la gestion des crédits. Il s'occupe particulièrement de l'instruction des dossiers de Crédit, les opérations de décaissement, de suivi et de recouvrement des crédits.

Agrément : L'acte juridique qui donne lieu à l'inscription du système financier décentralisé sur le registre des systèmes financiers décentralisés tenu par le Ministre. Le registre est établi et tenu à jour par la structure ministérielle de suivi qui affecte un numéro d'inscription à chaque système financier décentralisé.

Assemblée générale : L'instance suprême d'un SFD. Elle est constituée de l'ensemble des membres ou de leurs représentants, convoqués et réunis à cette fin conformément aux statuts. L'assemblée générale peut prévoir la tenue d'assemblées de secteur, dont elle définit les modalités de fonctionnement. Sans que la présente énumération soit limitative, l'assemblée générale a compétence pour :

· S'assurer de la saine administration et du bon fonctionnement de l'institution ;
· modifier les statuts et le règlement ;
· élire les membres des organes de l'institution et fixer leurs pouvoirs ;
· créer des réserves facultatives ou tous fonds spécifiques, notamment un fonds de garantie ;
· approuver les comptes et statuer sur l'affectation des résultats ;
· adopter le projet de budget ;
· fixer, s'il y a lieu, le taux de rémunération des parts sociales ;
· définir et adopter la politique de crédit et de collecte de l'épargne de l'institution ;
· créer toute structure qu'elle juge utile ;
· traiter de toutes autres questions relatives à l'administration et au fonctionnement de l'institution.

Autosuffisance Opérationnelle : Définit le niveau de couverture des charges d'exploitation par les produits d'exploitation d'un SFD. Elle est égale : Produits d'exploitation Charges d'exploitation

Un guichet est une structure permanente ou temporaire rattachée à une agence ou au siège social et n'assurant que des services courants.

Fédération : Institution résultant du regroupement d'unions et, exceptionnellement, d'institutions de base en vertu de la loi régissant les SFD;

Finance inclusive : Interpelle la nécessité de « création de systèmes financiers ouverts à tous » (ou systèmes financiers inclusifs). L'objectif est de permettre l'accès aux services financiers à toutes les couches de la population, notamment les couches les plus défavorisées, laissées en rade par la bancarisation classique. Pour parvenir à une bancarisation de masse des populations, l'idée est donc d'impliquer l'ensemble des acteurs du secteur financier (banques de développement, réseaux postaux, banques commerciales.)

Confédération : Institution résultant du regroupement de fédérations et, exceptionnellement, d'unions en vertu de la loi régissant les SFD;

Epargne : Part du revenu non consommée. L'Epargne ne se détruit pas immédiatement elle peut-être un placement dans une Institution Financière, une thésaurisation ou un investissement. Elle est employée sous forme de :

> D'accumulation de monnaie disponible généralement destinée à des fins de spéculation et pas forcément à la production, c'est la *Thésaurisation*.

> *L'Epargne libre sur livret* versée dans une Institution Financière. Elle se présente sous forme de compte courant, compte d'Epargne rémunérée, compte d'Epargne bloquée ou autre forme d'Epargne volontaire (Plan Epargne Projet), etc..

> *L'Epargne investie dans la production* (dans divers moyens de production, l'immobilier, etc.) *ou* affectée à des placements ou valeur mobilière

Epargnant actif : Titulaire d'un compte qui dispose d'une épargne au sein du SFD.

Epargne volontaire : Montant de l'épargne déposée par ses clients auprès d'un SFD sans qu'ils y soient tenus pour l'obtention d'un prêt existant ou futur.

Epargne obligatoire/forcée : Montant de l'épargne que les clients d'un SFD sont tenus de maintenir en dépôt s'ils veulent conserver ou obtenir un prêt.

Epargne nantie ou bloquée : Epargne bloquée en garantie. Elle est constituée en pourcentage du montant du prêt octroyé par un SFD à son membre. Son taux est généralement fixé par la politique de crédit de l'institution. Toutefois certains SFD peuvent spécifiquement établir le taux en fonction du type de crédit sollicité. Cette Epargne est donc constituée en garantie d'un prêt contracté auprès d'un SFD. Elle peut être rémunérée. Elle est prélevée en cas de retard du Crédit (généralement après 03 mois de retard).

Emprunteur Actif : Client/membre qui dispose d'un prêt dont le capital court encore. C'est à- dire qu'il est encore débiteur de l'institution.

Encours de Crédit : Ce qui reste à être remboursé de l'ensemble des crédits octroyés à un instant précis. Il comprend aussi bien les crédits sains que les crédits en souffrance. Il constitue les engagements des membres par rapport à l'Institution.

Engagement par signature : Tout acte par lequel un système financier décentralisé prend, dans l'intérêt d'un membre ou d'un client, un aval, une caution ou une autre garantie

Dépôts : Les fonds, autres que les cotisations et contributions obligatoires, recueillis par le système financier décentralisé auprès de ses membres ou de sa clientèle avec le droit d'en disposer dans le cadre de son activité, à charge pour lui de les restituer à la demande des déposants selon les termes convenus.

Dépôt "à vue" : Dépôt rémunéré ou non, dont les fonds peuvent être retirés partiellement ou totalement à tout instant.

Dépôt à terme : Dépôt qui a une durée fixée à l'avance et rapporte un intérêt à condition que le client titulaire du compte ne retire pas l'argent avant l'échéance (habituellement fixée entre un et douze mois). Il est contractuel, donc fait l'objet d'un établissement de contrat où sont inscrites toutes les dispositions relatives à la durée, au montant, au taux et aux conditions de rupture et de reconduction.

Dettes rattachées : Poste de régularisation passif, il enregistre le montant des intérêts courus. Elles constituent des dettes rattachées aux dépôts.

Dirigeant d'un SFD : Toute personne exerçant des fonctions de direction, d'administration, de contrôle ou de gérance de cette institution.

Droit d'adhésion : Frais payés lors de l'adhésion du membre. Ils sont généralement des produits (comptables) pour le SFD et ne sont pas restitués même en cas de démission du membre.

Développement de produits/services : Mise en place de nouveaux produits ou/et à l'amélioration des produits/services existants. Son processus répond à une démarche systémique itérative et procède étape par étape. Le processus doit être dicté par le marché, ce qui implique que les IMF doivent s'assurer continuellement que le produit/service répond aux besoins des clients. C'est pourquoi, une étude de marché est nécessaire.

DRS/SFD (Direction de la Réglementation et de Supervision des SFD) : Le bras technique du Ministère de l'Economie et des Finances chargé de veiller au respect de la règlementation par les SFD. C'est elle qui délivre les agréments.

Capital social : est constitué de parts sociales, dont la valeur nominale est déterminée par les statuts. Les parts sociales sont nominatives, individuelles, non négociables, non saisissables par les tiers et cessibles selon les conditions fixées dans les statuts. Les parts sociales peuvent être rémunérées dans les limites fixées par l'assemblée générale.

Capital Restant dû : C'est le capital (ensemble des prêts octroyés) non remboursé à un instant précis. C'est donc l'encours de Crédit. C'est ce capital restant qui sert de base au calcul des intérêts pour les échéances à venir.

Capital en retard : C'est le capital (compte non tenu des intérêts courus par le prêt) qui a au moins une échéance en retard selon les termes du contrat.

Caisse Centrale : Joue le rôle de *banque* pour les *Caisses locales* ou encore *Institutions de Base*. Elle gère leurs ressources car chacune d'entre elle ouvre dans ses livres un compte de dépôt. A part la gestion de leurs ressources, la caisse Centrale assure le *refinancement* des Caisses du Réseau en procédant comme la Banque Centrale vis-à-vis des Banques Commerciales. Lorsqu'une Caisse est en manque de liquidités, elle recourt à la Caisse

Centrale qui assure le principe de la *péréquation* en puisant dans l'excédent des autres Caisses liquides.

Caution solidaire : Est acceptée en garantie d'un crédit par les SFD. La personne qui se porte caution s'engage à payer à la place de la personne qui est cautionnée, en cas de défaillance dans le remboursement des échéances de cette dernière. Il ne s'agit pas d'un *engagement moral*, mais d'un acte qui peut être lourd de conséquences pour la situation personnelle de la caution. Cet acte doit être écrit, contenir un certain nombre de mentions obligatoires écrites de la main de la caution. Enfin, doit être clairement précisée caution solidaire et mentionner clairement les sommes pour lesquelles la caution se porte garante.

Coefficient d'Engagement : C'est le rapport entre l'Encours de Crédit et Encours Epargne d'une Institution de Micro Finance ; il répond à un besoin de disponibilités et des raisons de sécurité.

Comité de Crédit : C'est l'organe qui a la responsabilité de gérer la distribution du crédit, conformément aux politiques et procédures définies en la matière. Le comité de crédit rend compte de sa gestion à l'organe qui a désigné ses membres.

Compte courant : Compte dont l'argent peut être retiré à tout moment et qui est également destiné aux encaissements et aussi aux mouvements de fonds avec les autres comptes. Ce compte est généralement non rémunéré.

Compte d'épargne : Appelé aussi « compte sur livret », du fait que les opérations sont reportées sur un livret d'épargne que le titulaire conserve par-devers lui. Il doit obligatoirement être créditeur. C'est un compte où les fonds sont disponibles à vue, mais seulement sous forme de retrait d'espèces, donc en général sans moyens de paiement (chèque, carte électronique...). Ces comptes sont rémunérés par un intérêt.

Compte à terme : Il a une durée fixée à l'avance et rapporte un intérêt à condition que le client titulaire du compte ne retire pas l'argent avant l'échéance (habituellement fixée entre un et douze mois). Il est contractuel, donc fait l'objet d'un établissement de contrat où sont inscrites toutes les dispositions relatives à la durée, au montant, au taux et aux conditions de rupture et de reconduction.

Confédération : Institution résultant du regroupement de fédérations et, exceptionnellement, d'unions en vertu de la loi régissant les SFD;

Conseil d'administration : L'organe d'administration qui veille au fonctionnement et à la bonne gestion d'un SFD. A cet effet, il est chargé notamment :
· d'assurer le respect des prescriptions légales, réglementaires et statutaires ;
· de définir la politique de gestion des ressources de l'institution et de rendre compte périodiquement de son mandat à l'assemblée générale, dans les conditions fixées par les statuts et le règlement intérieur ;
· de veiller à ce que les taux d'intérêt applicables se situent dans la limite des plafonds fixés par la loi sur l'usure et ;
· d'une manière générale, de mettre en application les décisions de l'assemblée générale.

Conseil de Surveillance : Il est l'organe d'un SFD chargé de la surveillance de la régularité des opérations de l'institution, du fonctionnement des autres organes et du contrôle de la gestion.

Créances rattachées : Poste de régularisation actif, il retrace le montant des intérêts dus par les membres sur leurs engagements sains mais non échus à la fin de l'exercice.

Créances Abandonnées irrécouvrables : Créances dont la durée de retard dépasse 12 mois. Il faut noter que le concept « Abandonné » n'est que comptable. C'est-à-dire répondant uniquement à un jeu d'écritures comptables. Elles ne signifient aucunement qu'il faut cesser les efforts de recouvrement de prêts. Dans ce cas, toutes les créances concernées sont sorties de la comptabilité, donc du bilan mais elles sont suivies de manière extra-comptable par l'IMF. Les pertes sur créances irrécouvrables ou abandons de créances sont enregistrées lorsqu'il est certain que des créances sont irrécouvrables.

Crédit Long Terme : Prêt d'argent dont la durée dépasse les 36 mois de la date de déblocage à la date de remboursement final y compris le *différé de paiement*.

Crédit Moyen Terme : Prêt d'argent dont la durée se situe entre 12 et 36 mois y compris *le différé de paiement*.

Crédit à Court terme : Prêt d'argent dont la durée ne dépasse pas 12 mois y compris *le différé de paiement*.

Crédit Fonds de roulement : Prêt à court terme destiné à financer l'exploitation dont le cycle ne dépasse pas 12 mois. L'exploitation peut concerner diverses activités telles que; le commerce, l'artisanat, les services, etc.

Le Fonds de roulement est utilisé pour financer une partie des actifs circulants. Il permet en quelque sorte de faire face à un certain nombre de dépenses générées par l'activité de l'entreprise précèdent les recettes issues des ventes. C'est parce que les décaissements précèdent les encaissements qu'il existe un Besoin de financement

Crédit d'Investissement : Prêt destiné à l'achat de matériel, d'équipement, à la construction de local d'exploitation, etc... Il est destiné à une utilisation de longue durée, généralement supérieure à 12 mois.

Crédits amortissables : Remboursables par échéances mensuelles, bimestrielles trimestrielles. C'est à dire des prêts pour lesquels la mensualité comporte une partie de capital et une partie d'intérêts.

Crédits In Fine : Concerne généralement les activités telles que l'Agriculture, l'Embouche, en somme des activités saisonnières. Les Crédits in fine sont des crédits à remboursement unique, en une seule échéance. C'est-à-dire qu'à la date d'échéance, le débiteur rembourse le Capital prêté majoré des intérêts courus.

Crédits en Souffrance : Crédits ayant au moins une échéance qui à plus de trois (03) mois de retard de paiement. On les appelle encore les Créances Douteuses.

CHAPITRE IV : Environnement juridique des SFD et rôles des instances de direction

L'évolution fulgurante de la microfinance au cours des deux dernières décennies a entraîné beaucoup de défaillances au niveau du secteur. Cette situation a amené les autorités monétaires à réaménager le cadre juridique régissant les SFD dans toute la Zone UMOA afin de maîtriser les risques et de consolider le secteur. C'est ainsi qu'une nouvelle Loi a été adoptée par le Conseil des Ministres de l'UMOA le 06 avril 2007.

Au Sénégal, la Loi a été adoptée par l'Assemblée Nationale du Sénégal le 21 juillet 2008 et par le Sénat le 22 août 2008. Elle a été promulguée le 03 septembre 2008 (Loi n°2008-47) et son décret d'application signé par le Président de la République le 28 novembre 2008 (décret n°2008 - 1366). Ce qui fait du Sénégal le deuxième Etat de l'UEMOA à l'adopter, après la Guinée Bissau. La publication a été faite le 31 janvier 2009.

Ses principales innovations sont :

L'instauration d'un régime unique d'autorisation d'exercice (agrément), ayant comme implication la suppression des GEC et Structures sous convention ;

  - L'avis conforme de la BCEAO dans la délivrance de l'agrément ;

- L'intervention de la Banque Centrale et de la Commission Bancaire dans la surveillance des institutions qui ont atteint un certain niveau d'activité ;
- Le renforcement du dispositif prudentiel et des sanctions applicables ;
- La certification obligatoire des comptes pour les SFD d'une certaine taille
- L'adhésion obligatoire à l'Association Professionnelle ;
- La possibilité de créer des SFD de type Société Anonyme.

Cette Loi est accompagnée d'un **nouveau référentiel comptable** plus élaboré.

Nous ne nous étendrons pas dans l'étude de ces textes qui ne peut être faite dans le cadre du présent guide.

Il faut noter cependant, que ce sont ces principaux textes qui définissent les rôles et les responsabilités des dirigeants des Systèmes Financiers décentralisés. Mais nous ne nous focaliserons plutôt ici que sur les dirigeants élus et qui siègent dans les différentes instances d'administration, de gestion et de contrôle des SFD. L'article 6 de la section 2 du décret 2008 – 1366 du 28 novembre 2008 portant application de la loi relative à la réglementation des systèmes financiers décentralisés au Sénégal, stipule que les organes des SFD sont : l'Assemblée Générale, le Conseil d'Administration, du Comité de Crédit et l'organe de contrôle (comprenez par là le Conseil de Surveillance). Ce sont les statuts et les règlements intérieurs de chaque institution qui prévoient les règles de fonctionnement de ces organes conformément aux dispositions légales et réglementaires en vigueur.

CHAPITRE V : Les différents organes d'un Système Financier Décentralisé

Section 1. L'Assemblée Générale

Paragraphe 1. Rôles et responsabilités

L'assemblée générale est l'instance suprême de l'institution. Elle est constituée de l'ensemble des membres ou de leurs représentants, convoqués et réunis à cette fin conformément aux statuts. (Article 7 du décret 2008-1366)

L'assemblée ne peut délibérer sur une question qui n'est pas inscrite à l'ordre du jour. Néanmoins, elle peut, lorsqu'elle est réunie ordinairement, révoquer un ou plusieurs membres des organes des l'institution. Il est important de noter ici que la fonction de révocation et d'élection d'un membre d'organe est de la responsabilité exclusive de l'Assemblée Générale qui ne la délègue pas.

L'article 8 du même décret prévoit que l'Assemblée Générale peut prévoir la tenue d'Assemblée de secteurs dont elle définit les modalités de fonctionnement. Cependant, il faut préciser que la tenue de ces assemblées sectorielles doit répondre à un souci d'efficacité et d'efficience. Mais également, permettre de mieux rapprocher l'institution des sociétaires et un plus grand accès à l'information. L'assemblée de secteur ne doit donc pas être un surplus de charges inutiles dont le résultat finalement n'est pas à la mesure des attentes. Il faut donc à ce niveau un arbitrage lucide pour décider de la nécessité et de la pertinence de la tenue de ces assemblées sectorielles. D'ailleurs l'utilisation du verbe « pouvoir » prouve s'il en est encore besoin que le décret ne pose le pas en termes d'obligation, mais seulement comme une possibilité qu'il va falloir examiner au cas par cas.

Sans que la présente énumération soit limitative, l'assemblée générale a compétence pour :
1° s'assurer de la saine administration et du bon fonctionnement de l'institution ;
2° modifier les statuts et le règlement ;
3° élire les membres des organes de l'institution et fixer leurs pouvoirs ;
4° créer des réserves facultatives ou tous fonds spécifiques, notamment un fonds de garantie ;
5° approuver les comptes et statuer sur l'affectation des résultats ;
6° adopter le projet de budget ;
7° fixer, s'il y a lieu, le taux de rémunération des parts sociales ;
8° définir et adopter la politique de crédit et de collecte de l'épargne de l'institution ;
9° créer toute structure qu'elle juge utile ;
10° traiter de toutes autres questions relatives à l'administration et au fonctionnement de l'institution (Article 8 du décret 2008 – 1366).
Il faut noter que dans ces attributions de l'AG qui ne sont pas limitatives, elle peut toutes les déléguer aux organes d'administration, de gestion ou de contrôle sauf principalement trois à savoir (Article 10) : modifier les statuts et le règlement, élire les membres des organes de l'institution et fixer leurs

pouvoirs, approuver les comptes et statuer sur l'affectation des résultats

Paragraphe 2. Fonctionnement

Les articles 11 et 12 du décret précisent les conditions de fonctionnement de l'Assemblée Générale.

L'article 11 stipule que : « L'assemblée générale ordinaire se réunit au moins une fois par an. Au plus tard dans les six mois qui suivent la clôture de l'exercice financier de l'institution, elle se réunit en vue notamment :

1° d'adopter le rapport d'activités de l'exercice ;

2° d'examiner et d'approuver les comptes des l'exercice ;

3° de donner quitus aux membres des organes de gestion ;

4° de nommer un commissaire aux comptes, le cas échéant. »

Quant à l'article 12, il fixe les conditions de tenue d'une assemblée générale extraordinaire. Il stipule à cet effet que : « l'assemblée générale peut se réunir en session extraordinaire à la demande de la majorité des membres d'un organe d'administration et de gestion ou d'un organe de contrôle. Elle peut également se réunir à la demande des membres de l'institution dans les conditions fixées par les statuts.

Seuls les points mentionnés dans l'avis de convocation peuvent faire l'objet des délibérations de l'assemblée générale extraordinaire ». On voit ici donc que l'assemblée générale extraordinaire ne peut se réunir que dans deux cas précis.

Premièrement, lorsque la majorité (c'est-à-dire la moitié plus un) du Conseil d'Administration, du Comité de Crédit ou du Conseil de Surveillance en font la demande.

Deuxièmement, lorsque les membres de l'institution en font la demande dans les conditions fixées par les statuts. Il y a une brèche ouverte ici par les textes mais en général au moins la moitié des membres de l'institution est exigée. Précisons que lors de l'Assemblée Générale extraordinaire, ne peuvent faire l'objet de délibérations que les points inscrits à l'ordre du jour. Les autres conditions de tenue de l'Assemblée Générale ordinaire ou extraordinaire sont fixées par les statuts de l'institution.

Section 2. Le Conseil d'Administration

Paragraphe 1. Rôles et responsabilités

D'une manière générale, nous pouvons dire qu'un conseil d'administration est un groupe de personnes (les administrateurs), chargé d'administrer une institution, comme une association, une entreprise ou un établissement public. Il est l'organe exécutif de l'Assemblée Générale dont il reçoit mandat. L'article 13 du décret 2008 – 1366 le définit comme étant un organe d'administration et de gestion. A ce titre beaucoup de responsabilités lui incombent comme nous allons le voir.

Il est composé donc de personnes élues par l'Assemblée Générale et dont le nombre peut varier en fonction de la taille de l'institution. Les principales fonctions rencontrées dans un conseil d'administration sont :

- Un Président
- Un Vice Président
- Un Secrétaire
- Et des autres membres simples.

L'article 14 du décret définit les rôles et responsabilités du Conseil d'Administration. Il stipule en effet que : « les membres du conseil d'administration sont élus par l'assemblée générale parmi ses membres. Le conseil d'administration veille au fonctionnement et à la bonne gestion de l'institution. A cet effet, il est chargé notamment :

1° d'assurer le respect des prescriptions légales, règlementaires et statutaires ;

2° de définir la politique de gestion des ressources de l'institution et de rendre compte périodiquement de son mandat à l'assemblée générale, dans les conditions fixées par les statuts et le règlement intérieur ;

3° de veiller à ce que les taux d'intérêt applicables se situent dans la limite des plafonds fixés par la loi sur l'usure et ;

4° d'une manière générale, de mettre en application les décisions de l'assemblée générale. »

Nous voyons donc que le Conseil d'Administration est essentiellement un organe d'administration et de gestion. A ce titre ; il est chargé dans la limite de ses attributions de prendre toutes les décisions idoines pour un bon fonctionnement de l'institution. A charge pour lui cependant d'en rendre compte à l'Assemblée Générale qui, au besoin, approuve ou non les décisions prises.

A. Les rôles

Le CA assume ainsi trois principaux rôles :
- Rôle de direction
- Rôle d'orientation

- Rôle de représentation

a. a. Rôle de direction

En tant qu'organe d'administration et de gestion, le CA doit :
- S'assurer de l'application des dispositions légales et statuaires et des résolutions de l'Assemblée générale
- Adopter et veiller au respect des règlements intérieurs et politiques et procédures
- Veiller à l'utilisation correcte des ressources de l'institution
- contrôler l'application des politiques, les objectifs, le budget,
- Statuer en cas de litiges entre les comités et les membres

Il s'agit ici donc de fonctions cardinales que doit jouer le CA. Il joue ainsi en quelque sorte le rôle de sentinelle, de veilleur, mais également de « gardien du temple ». Le deuxième rôle du CA est un rôle d'orientation.

a. b. Rôle d'orientation

Le Conseil d'Administration a également pour rôle de :
- Définir la vision, les orientations, stratégiques, les objectifs poursuivis par l'institution et en suivre la mise en Œuvre
- Elaborer ou adopter les règlements et Procédures internes à l'institution
- Œuvrer à la programmation budgétaire
- Favoriser la coopération et la solidarité au sein de l'institution

Nous voyons donc que le CA est chargé de définir les grandes orientations de l'institution et de veiller à leur mise en œuvre correcte. Enfin, le CA joue un rôle de représentation.

a. c. Rôle de représentation

Le CA a pour rôle également de :
- Veiller aux relations internes et externes de l'Institution
- Maintenir de bonnes relations avec la Communauté
- Représenter l'institution vis-à-vis de l'extérieur
- Rendre compte de son mandat à L'Assemblée générale

Ce rôle de représentation est d'une importance capitale. En effet, à travers le membre du CA c'est toute l'institution qui est vue par la communauté. Aussi, dans ses faits et gestes au quotidien, celui-ci devra veiller à ne pas écorner de quelque manière que ce soit la bonne image de l'institution. Le membre du CA devra ainsi être d'une morale et d'une intégrité irréprochable aux yeux de la communauté, vu surtout ce qu'il incarne. Mais nous ne nous étendrons pas outre mesure sur ce point, qui sera abordé de manière beaucoup plus large à la fin de ce guide. Mais quelles sont les responsabilités qui pèsent sur le CA ?

B. Les responsabilités

Les responsabilités qui pèsent sur le CA sont essentiellement de trois ordres :
- Une responsabilité légale
- Une responsabilité morale
- Une responsabilité sociale

b.a. La responsabilité légale

Elle est essentiellement définie par les textes légaux et réglementaires à savoir la loi 2008-47 du 8 septembre 2008 et son décret d'application n°2008-1366 du 28 novembre 2008.

Au regard de ces textes, on peut donc dire que les dirigeants élus sont responsables du bon fonctionnement et de la bonne gestion de l'institution. A cet effet, ils sont chargés notamment :

- D'assumer avec loyauté et intégrité l'administration de leur caisse au nom des membres dont ils sont les mandataires
- D'assurer le respect des prescriptions légales, réglementaires et statutaires ;
- De définir la politique de gestion des ressources de l'institution et de rendre compte périodiquement de son mandat à l'assemblée générale, dans les conditions fixées par les statuts et le règlement intérieur ;
- De veiller à ce que les taux d'intérêts applicables se situent dans la limite des plafonds fixés par la loi sur l'usure ;
- De mettre en application les décisions de l'assemblée générale ;
- De prêter une attention aux principes et aux règles de déontologie (notamment ceux qui ont trait au respect du caractère confidentiel des renseignements auxquels ils ont accès et à la prévention des conflits d'intérêts).

L'article 24 du décret 2008 – 1366 stipule que : « les membres d'organes sont pécuniairement responsables, individuellement et solidairement, selon le cas, des fautes commises dans l'exercice de leurs fonctions.

Les agents impliqués, de par leurs statuts dans l'administration, la gestion ou le contrôle sont également visés par cette disposition. »

Ceci signifie que dans l'exercice de sa mission, le membre d'organe qui commet un acte contraire à la réglementation, expose les autres membres de l'organe auquel il appartient à la même sanction que lui en cas de condamnation pécuniaire. Cependant deux choses méritent d'être relevées dans cette disposition. D'abord la solidarité ne joue ici qu'en cas de condamnation pécuniaire et ne saurait être applicable en cas de sanction pénale, sauf s'il y a complicité des autres membres de l'organe. Auquel cas la même sanction pénale pourrait également leur être appliquée. Donc c'est de la responsabilité civile du membre d'organe qu'il s'agit ici. Cette responsabilité est d'ailleurs mise en exergue par les articles 161 et suivants de l'acte uniforme de l'OHADA relatif au Droit des Sociétés Commerciales et du GIE. En effet, ces dispositions organisent la responsabilité civile qui incombe aux gérants, présidents, administrateurs directeurs généraux et directeurs généraux si la preuve est apportée qu'ils ont commis une faute de gestion ne s'assurant pas que des garanties suffisantes ont été prises pour couvrir le patrimoine de l'entreprise et donc indirectement les richesses des actionnaires et des sociétaires.

En conséquence, les élus ont l'obligation de mettre en place un système de sécurité et de veiller à son bon fonctionnement. Pour se prémunir contre ce risque de recherche de responsabilité, les élus pourront souscrire une police d'assurance en responsabilité civile après avoir satisfait leur obligation de mise en place des conditions de sécurité acceptables.

Ensuite, l'application de ce principe se fait au cas par cas. En effet, dans certains cas la seule responsabilité individuelle de l'auteur ne pourrait être retenue. Enfin, il faut que l'acte soit commis dans l'exercice de la mission à lui confiée.
Nous voyons donc que le membre du CA a une lourde responsabilité au regard de la loi. C'est pourquoi, sans pour autant être le gendarme de son prochain, chaque membre de CA doit veiller à bien assumer sa mission mais aussi aider tous les autres membres à en faire de même. Chacun doit donc en quelque sorte être pour l'autre une sentinelle et un garde fou. Mais ceci n'est possible que lorsque le CA constitue une **GRANDE FAMILLE.** Outre la responsabilité légale, le CA a également une responsabilité morale.

b.b. La responsabilité morale

Le mandat d'un dirigeant peut paraître exigeant mais il est fondé sur ce qu'on pourrait qualifier d'« attentes raisonnables » à l'égard d'un dirigeant bénévole. En effet, étant donné que les dirigeants élus exercent leur mission d'une manière tout à fait bénévole, on ne pourra pas exiger d'eux, ce qu'on pourrait exiger à un membre du personnel technique. Il s'agira donc ici de juguler les besoins de l'institution avec la disponibilité du dirigeant afin d'avoir un équilibre raisonnable, qui permettrait ainsi un fonctionnement correct de l'institution sans pour autant être un joug pour le dirigeant élu.
Chaque dirigeant, toutefois demeure soumis au devoir strict de travailler honnêtement dans les intérêts de l'institution et de ses

membres. Enfin, la dernière responsabilité qui incombe au CA est la responsabilité morale.

b.c. La responsabilité sociale

Nous disions plus haut que le membre de CA occupe une fonction importante et notamment aux yeux de la communauté dans laquelle il évolue. C'est pourquoi il doit faire siens un certain nombre de principes dont nous citerons quelques-uns.

Il doit se montrer assidu aux rencontres de son organe et prendre une participation active aux discussions et aux travaux à accomplir. En effet, il n'est pas bon que le dirigeant élu soit un « dirigeant alimentaire » qui n'est presque jamais aux réunions de son organe ou qui y joue un rôle de figurant. Le membre du CA, en tant qu'acteur incontournable dans le fonctionnement de son institution, doit peser de tout son poids pour apporter sa pierre à l'édifice de ce dernier. Il ne doit ni être un dirigeant béni-oui-oui (donc d'accord sur tout et en tout. Qui n'a aucune opinion sur rien mais se contente uniquement de celle des autres), encore moins un dirigeant extrémiste (qui n'est jamais d'accord sur rien et est prêt à tirer sur tout ce qui bouge). Mais en toute chose et en toute circonstance, il doit garder la pleine mesure de ses facultés, analyser avec objectivité et lucidité et essayer de convaincre avec calme pour une meilleure prise de décision.

Ensuite, il doit se tenir convenablement informé des faits importants touchant à son institution. En effet, il n'y a pas plus dangereux qu'un dirigeant sous informé ou mal informé sur la vie de son institution et même sur les grands faits qui concerne le secteur. Une information insuffisante ou inadéquate conduit toujours à une mauvaise compréhension et appréhension des choses et donc à des prises de position inopportunes. Ce qui est toujours préjudiciable à l'institution. L'autre conséquence tout aussi néfaste que celle que nous venons de voir, est que le dirigeant élu ne jouera pas pleinement son rôle vis-à-vis de la communauté et des autres sociétaires. Notamment en ce qui concerne l'information et la sensibilisation, mais également l'orientation des populations. Ce dirigeant au lieu d'être un facilitateur et une source d'information, risque d'être un dérouteur et un désinformateur. S'il est vrai que si l'institution doit se doter de mécanismes permettant la circulation correcte de l'information -et de la bonne information aux dirigeants, il est aussi vrai que ces derniers doivent aller vers celle-ci. Ils ne doivent pas être dans une position attentiste, ils doivent être proactifs.

En outre, le membre de CA doit parfaire ses connaissances et ses compétences autant que faire se peut au moyen des outils de formation mis à sa disposition. Ceci au risque d'être obsolète ou tout simplement dépassé par le cours des choses. Les connaissances étant chaque jour en mutation, le dirigeant devra mettre à jour continuellement ses connaissances et même en acquérir de nouvelles. Ceci lui permettra d'avoir un avis éclairé sur toutes les questions qui lui seront soumises dans l'exercice de ses fonctions et d'amoindrir ainsi les risques d'erreurs lors des prises de décisions.

Enfin, il doit remplir ses fonctions et responsabilités avec soin, intégrité, jugement et loyauté.

Paragraphe 2. Le fonctionnement du Conseil d'Administration

Le Conseil d'Administration étant l'une des pièces centrales dans une institution de microfinance, entretient forcément des relations avec les différents acteurs internes ou externes de l'institution. Nous allons voir le mode de fonctionnement de ces relations avec les acteurs les plus centraux.

A. Relations avec l'Assemblée Générale

Le Conseil d'Administration est élu et mandaté par l'Assemblée Générale. A ce titre, il doit rendre compte annuellement au moins de son mandat à celle-ci. Ainsi, il doit :

- Présenter son rapport et exposer la situation Financière de l'institution
- Présenter un bilan des activités de l'année écoulée et les perspectives pour l'année à venir
- Faire une proposition pour une éventuelle révision des statuts, politiques et procédures (étant entendu que seule l'AG est habilitée à modifier les textes, le CA ne fait que proposer)
- Présenter les investissements ou engagements Majeurs

B. Relations avec les guichets affiliés

Vis-à-vis des guichets affiliés, le CA doit :

- Informer de toutes décisions influençant les orientations prises, les objectifs poursuivis par le Réseau
- Informer sur le rôle et les responsabilités des organes, sur les droits et devoirs des guichets et du réseau.

- Donner un suivi aux recommandations, suggestions ou commentaires des guichets
- Jouer un rôle d'arbitre entre les guichets et tout autre organe en cas de litige

C. Relations avec le Comité de Crédit

Il faut préciser ici qu'entre les différents organes, les relations ne sont pas de type hiérarchique mais fonctionnel. Ainsi, aucun organe n'est supérieur en l'autre en quoi que ce soit, mais chacun a son rôle à jouer et ils collaborent pour un fonctionnement optimal de l'institution. Ainsi, vis-à-vis du Comité de Crédit, le Conseil d'Administration a pour rôle d':

- Elaborer des politiques et des procédures de crédit
- Assurer un suivi aux recommandations ou commentaires faits par le comité de crédit

D. Relations avec la Direction Générale

Le Conseil d'Administration :
- A autorité sur la direction générale
- Veille au respect de l'orientation
- Contrôle l'application des politiques, les objectifs, le budget...

Il est important de noter ici que le Conseil d'Administration qui représente l'ensemble des sociétaires est la première autorité au sein de l'institution. A ce titre, il doit veiller à ce que la Direction Générale respecte l'orientation de celle-ci et n'en dévie pas un seul instant. De même, il doit veiller à ce que les politiques, procédures et tous les autres textes qui ont été approuvés par l'Assemblée Générale soient appliqués comme il se doit. Nous savons tous, que le meilleur texte du monde, s'il n'est pas appliqué devient obsolète ou désuet et perd de son sens et de sa valeur. Enfin, le CA doit veiller à ce que le budget voté soit exécuté correctement et dans le respect des principes budgétaires et financiers.

Cependant tout ceci ne sera fera efficacement que quand il y a une bonne collaboration entre les élus et la Direction Générale et que tous, techniciens comme élus aient la même vision et la même orientation.

E. Relations avec le Conseil de Surveillance

En cas de besoin et lorsque surtout le Conseil de Surveillance en fait la demande, le CA doit :

- Donner les informations demandées concernant les politiques de gestion, les objectifs et les opérations activités et décisions du CA et toute autre information demandée
- Assurer un suivi aux recommandations faites par le conseil de surveillance.

F. Relations avec les autres acteurs

Par acteur nous entendons ici, tous ceux qui collaborent avec l'institution d'une manière ou d'une autre. Comme les autorités administratives, politiques, religieuses, les partenaires et la communauté en général. Ainsi, vis-à-vis de ces derniers, le CA doit :

- Veiller à l'image de l'institution auprès de la communauté
- Représenter l'institution auprès des instances nationales de concertation sur le secteur
- Nouer des collaborations avec les bailleurs
- Etc.

Après avoir passé en revue le Conseil d'Administration, sans avoir la prétention d'avoir épuisé le sujet, nous allons nous pencher sur le Comité de Crédit qui constitue un organe extrêmement important au sein des institutions de microfinance.

Section 3. Le Comité de Crédit

Un comité de crédit est un organe de décision qui se prononce sur l'acceptation ou le refus des dossiers de crédit. Mais définir ainsi le Comité de Crédit serait trop réducteur sur le rôle jouer par ce dernier. En effet, comme nous allons le voir par la suite, l'octroi ou le refus du crédit n'est qu'un aspect de l'immense tâche assignée à cet organe.

L'article 15 du décret 2008-1366 stipule : « Les membres du comité de crédit sont élus par l'assemblée générale parmi ses membres. Toutefois, ils peuvent être désignés par l'assemblée générale parmi les membres du conseil d'administration, conformément aux dispositions statutaires ou parmi le personnel de l'institution.

Le comité de crédit a la responsabilité de gérer la distribution du crédit, conformément aux politiques et procédures définies en la matière. Le comité de crédit rend compte de sa gestion l'organe qui a désigné ses membres ».

Cette disposition suscite une réflexion de notre part. Cet article 15 pose en effet trois grands principes non moins importants :

- Le mode de désignation des membres du Comité de Crédit
- Le rôle et la responsabilité du Comité de Crédit
- L'obligation de rendre compte

Paragraphe 1. Mode de désignation des membres du comité de crédit

Le premier alinéa de l'article 15 stipule que « *Les membres du comité de crédit sont élus par l'assemblée générale parmi ses membres. Toutefois, ils peuvent être désignés par l'assemblée générale parmi les membres du conseil d'administration, conformément aux dispositions statutaires ou parmi le personnel de l'institution.* »

Le grand principe édicté ici est que les membres du comité de crédit ne peuvent être désignés que par l'Assemblée Générale. Celle-ci peut les désigner en son sein. Cependant le texte permet un autre mode désignation. C'est-à-dire après avoir élit le Conseil d'Administration, l'AG peut désigner au sein de ce dernier les membres qui vont siéger au comité de crédit. Il est possible également que certains parmi ces membres soient désignés au sein du personnel de l'institution. Mais tout ceci devra se faire conformément aux dispositions statutaires de l'institution. Mais quel est le véritable rôle du comité de crédit et quelles sont les responsabilités qui l'incombent ?

Paragraphe 2. Rôles et responsabilités du Comité de crédit

Trois grands rôles que joue le comité de crédit vont retenir ici notre attention :

- Octroi de crédit
- Suivi du portefeuille
- Information et proposition

A. L'octroi de crédit

Il est du devoir du comité de crédit de :
- *Appliquer la politique de crédit adoptée par l'AG*

Le comité de crédit doit veiller à ce que la politique de crédit adoptée par l'AG soit appliquée. Mais pour ce faire, encore faudrait-il que les membres du Comité de crédit connaissent cette politique, qui, il faut le préciser est leur principal outil de travail. Ceci confirme ce que nous disions plus haut, s'est-à-dire que l'institution doit mettre à la disposition des élus tous les documents et toute l'information nécessaire à leur travail, mais aussi ces derniers doivent aller chercher l'information.

- *Analyser, autoriser ou refuser les demandes de prêts*

Cette prérogative n'appartient qu'au comité de crédit. En effet, il est le seul habilité à accorder ou à refuser des crédits à ceux qui en font la demande. Cependant cette décision devra nécessairement être précédée d'une analyse profonde et objective qui tienne compte de tous les paramètres nécessaires.

- *Participer à l'évaluation de la volonté et de la capacité à rembourser des membres demandeurs de crédit*

Un crédit ne doit pas être accordé ou refusé sans fondement. C'est pourquoi les membres du comité de crédit doivent prendre toutes les dispositions nécessaires afin d'avoir le maximum d'informations sur le demandeur de crédit pour évaluer objectivement sa capacité à rembourser. Ainsi, ils ne devraient pas hésiter à ajourner un dossier de crédit pour complément d'information s'il s'avère que les informations mises à leur disposition ne leur permettent pas de juger objectivement de la solvabilité ou non du sociétaire.

- *Respecter la confidentialité du crédit*

C'est là un point extrêmement important dans la gestion du crédit. En effet, toutes les informations dont les membres du comité de crédit pourraient avoir accès sur les sociétaires notamment dans l'exercice de leur fonction, doivent demeurer strictement confidentielles et ne peuvent être divulguées pour quelque motif que ce soit. Cependant, le dernier alinéa de l'article 37 de la loi 2008-47 du 8 septembre 2008 fait exception à cette obligation de réserve. En effet, aux termes de cette disposition : « Les organes et les structures chargés de la surveillance et du contrôle ont droit, dans le cadre de cette mission, à la communication, sur leur demande, de tous documents et informations nécessaires à l'exercice de leurs fonctions, sans que le secret professionnel ne leur soit opposable. »

Ainsi, il apparait ici que toute demande d'informations ou de documents effectuée par les organes de contrôle ou de surveillance comme le Conseil de Surveillance doit rencontrer l'adhésion des organes d'administration et de gestion tant que ces demandes demeurent dans le strict cadre de la loi. Un autre rôle qui incombe au comité de crédit demeure également le suivi du portefeuille de crédit.

B. Le suivi du portefeuille de crédit

Il consiste principalement à :

✓ *Suivre les crédits octroyés pour s'assurer du respect de l'objet du crédit*

L'objectif ici est de s'assurer qu'il n'y ait pas de détournement d'objet. En effet, le bénéficiaire du crédit peut utiliser l'argent à lui octroyé dans un but autre que celui pour lequel il avait demandé le crédit. Or le crédit lui avait été octroyé en fonction des informations communiquées. La conséquence du détournement d'objet est le plus souvent le retard du crédit ou même la souffrance de ce dernier. C'est pourquoi le comité de crédit en compagnie des techniciens doit être très vigilant et veiller à ce que les crédits octroyés soient utilisés à bon escient.

✓ *Participer activement au recouvrement des crédits en retard*

Il incombe également au comité de crédit de s'impliquer dans le recouvrement des crédits en retard. En effet, en collaboration avec le personnel technique, il doit disposer d'un plan de recouvrement des crédits en retard et tout faire pour que leur agence puisse rentrer dans leurs fonds. Le rôle du comité de crédit ne consiste pas en effet seulement à octroyer des crédits mais également à tout faire pour que ces crédits octroyés soient remboursés.

✓ *Analyser les résultats atteints par rapport aux objectifs définis*

Les membres du comité de crédit doivent toujours se soucier du degré d'atteinte de leurs objectifs. Ils devront ainsi avoir un tableau de bord qui puisse leur permettre de voir l'état d'avancement de leurs objectifs, pour faire une évaluation à mi-parcours et réajuster si nécessaire.

C. Rôle d'information et de proposition

✓ *Informe périodiquement le Conseil d'Administration sur l'évolution du crédit*

Le comité du crédit doit informer périodiquement le CA sur l'évolution du crédit. Ceci dans le but que ce dernier puisse prendre si nécessaire les mesures nécessaires pour une bonne gestion du crédit. Pour les CA dont les membres du Comité de Crédit sont issus en son sein, ceci ne devrait en principe pas poser de problème. L'information peut être donnée lors des réunions du Conseil d'administration. Cependant, pour les institutions qui disposent d'un comité de crédit qui n'est pas issu du CA, il serait bien d'organiser des réunions périodiques de coordination entre organes (souvent appelées CA élargi). Ce serait alors l'occasion de partager toutes les informations et pour le CA, de recevoir les propositions des autres organes et ensemble de trouver des solutions aux problèmes qui seront soulevés. Ces rencontres pourraient se faire trimestriellement pour ne pas alourdir le travail des organes.

✓ *Proposer des solutions aux difficultés rencontrées sur le crédit*

Le comité de crédit doit être celui qui le premier propose des solutions aux problèmes liés au crédit. C'est pourquoi, lors des réunions de comité de crédit, ces derniers doivent analyser de fond en comble les problèmes liés au crédit et si nécessaire mettre en place une stratégie ou un plan d'action afin de les résoudre. Le Comité de crédit devra éviter d'être une « chambre de rejet ou d'acceptation » de demande de crédit. Mais par son action, sa position avant-gardiste et sa vision proactive, il devra participer à booster davantage la production et à minimiser le plus possible la dégradation du portefeuille.

✓ *Formule des recommandations à l'AG sur les politiques et pratiques de crédit*

Le comité de crédit devra toujours être au fait des politiques et procédures de crédit de l'institution. Il devra toujours en jauger la pertinence et en juger l'efficacité et l'efficience pour ainsi proposer le cas échéant des modifications pour les améliorer et éviter qu'elles ne tombent en désuétude ou en obsolescence du fait de leur non-application ou de leur inapplicabilité. Ainsi, des recommandations devront être faites dans ce sens à l'AG qui est seule habilitée à procéder à de tels changements.

✓ *Rend compte à l'AG*

Le comité de crédit devra rendre compte de son action à l'AG, car c'est uniquement de cette dernière que procèdent toutes les attributions qui lui sont conférées (article 15 du décret 2008-1366 du 28 novembre 2008).

Mis à part ces rôles fondamentaux qui incombent au Comité de crédit, ce dernier se doit également dans l'exercice continuel de ses fonctions :

➢ étudier les dossiers de crédits présentés par l'agent de crédit ou le superviseur ;
➢ s'assurer que les documents exigés dans la politique de crédit sont complets et conformes aux exigences ;
➢ vérifier à partir des informations reçues dans les dossiers, la capacité de rembourser à partir des connaissances des uns et des autres, évaluer la morale de l'emprunteur ainsi que sa volonté de rembourser ;
➢ Dans le doute, ajourner le dossier et procéder à une enquête sur le terrain ;
➢ Autoriser ou refuser les demandes de prêts ;
➢ Suivre mensuellement l'évolution du portefeuille prêt ;
➢ vérifier la liste des prêts en cours mensuellement ;

- ➢ s'assurer que la politique de récupération est bien suivie par l'agent de crédit pour les prêts en retard ou échus ;
- ➢ vérifier mensuellement le coefficient d'engagement de la caisse ;
- ➢ préparer un rapport trimestriel de la situation des prêts pour le CA de la caisse ;
- ➢ participer à l'évaluation des résultats de l'année écoulée en matière de crédit ;
- ➢ définir les objectifs à atteindre en matière de crédit ;
- ➢ préparer le rapport annuel des activités de crédit à présenter en assemblée générale

Ainsi donc, le Comité de Crédit se devra de bien analyser les dossiers de crédit pour minimiser les risques d'erreurs et surtout d'impayés. C'est pourquoi les points suivants doivent particulièrement retenir leur attention :

- ➢ **Vérifier les critères d'éligibilité (durée, apport, garantie et territoire)**

Pour qu'un membre puisse bénéficier d'un crédit au sein du SFD, il y a certains critères qu'il doit remplir. Cependant, même si les grands principes de ces critères sont fixés par la loi, ils peuvent varier dans leur application en fonction des institutions et des politiques de crédit. Mais en général ces principes ont trait à :

- • *La durée* : dans la plupart des institutions, le membre ne peut bénéficier d'un crédit qu'après un certain temps après la date d'ouverture de son compte. Ce temps peut varier d'un à trois mois selon les institutions. Durant ce temps, qui est surtout un moment d'observation, l'institution apprend à mieux connaître le membre et à se familiariser avec lui et avec ses activités. Elle jauge un peu sa capacité à épargner et rassemble également un certain nombre d'informations sur lui.

- *L'apport* : pour bénéficier d'un crédit, un membre devra épargner dans son compte un montant dont le pourcentage varie en fonction des institutions (par exemple 10% ou 20% de la somme demandée). En effet, ce principe a été édicté en général pour inciter les membres à épargner mais également pour favoriser un développement économique et individuel participatif et non attentiste.

- *La garantie* : une institution de microfinance n'est pas une œuvre sociale. En plus de sa mission sociale, elle a aussi un devoir de pérennité et par conséquent elle devra tout faire pour s'assurer une certaine assise financière. C'est pourquoi, avant d'octroyer un crédit à un membre, elle devra s'entourer de toutes les garanties nécessaires qui lui permettront en cas de non-payement de pouvoir rentrer dans ses fonds. Ces garanties varient selon le montant et la nature du crédit.

- *Territoire* : avant d'octroyer un crédit à un membre, l'institution devra s'assurer que ce dernier a un domicile fixe et notamment dans la zone d'intervention de cette dernière. Elle devra donc en cas de besoin, toujours savoir où trouver le membre.

> **Trouver des réponses aux quatre questions suivantes :**
❖ **Est-ce que le membre est crédible ?**

L'institution ne devra pas prêter toujours au premier venu. Mais elle devra toujours s'interroger sur la crédibilité du membre, ses valeurs morales. A ce stade, le comité de crédit devra jouer un rôle important pour rassembler toutes les informations nécessaires leur permettant de pouvoir prendre la meilleure décision.

❖ **Est-ce que l'activité est rentable ?**

La crédibilité du membre ne suffit pas. Est-ce que l'activité qu'il veut mener est rentable, au regard de plusieurs facteurs ? Ainsi l'étude technique et financière faite par l'agent de crédit sur le projet présenté par le membre sera d'un très grand apport. Mais également, les membres du comité de crédit devront mettre à contribution leur connaissance du milieu et aussi de l'activité, de la personne elle-même pour juger de la rentabilité ou non de l'activité.

❖ **Est-ce que la capacité de remboursement est bonne, est-ce que le membre est solvable ?**

Le membre peut être crédible et l'activité rentable, mais ceci ne suffit pas pour accorder un crédit. Est-ce que vu toutes les charges qui incombent au membre et vu ce qu'il gagne, associé à ce que va lui rapporter l'activité pour laquelle il veut s'endetter, il sera en mesure de rembourser ou non.

❖ **Est-ce que les garanties prises sont acceptables ?**

Enfin, le comité de crédit devra vérifier si toutes les garanties prises sont proportionnelles au crédit demandé.

Pour faire ce travail le comité de crédit a besoin d'un certain nombre d'outils tels que :
- La fiche d'analyse du plafond
- Le rapport sur les prêts en retard
- Le dossier de crédit complet (fiche d'adhésion, fiche d'épargne, fiche de remboursement antérieur, documents de garantie, attestation de propriété, situation financière personnelle, preuves d'activité et de revenu, etc.)
- Le PV de réunion
- La fiche d'analyse du dossier

Mais comment doit se dérouler une réunion de comité de crédit ? Il y a d'abord des préalables à respecter :
- Le comité de crédit doit tenir ses réunions à des dates fixes (au moins 1 fois tous les mois). Mais ceci n'est qu'à titre indicatif. La fréquence des réunions dépend de chaque institution et de son organisation interne.
- Avoir toujours le quorum à défaut d'avoir la présence de tout le comité. Ici donc c'est le principe de la majorité qui est mis en avant. Ce principe est le plus souvent mal compris et fait l'objet de beaucoup de confusion. A première vue, le terme de majorité peut être compris comme étant le plus grand nombre. Mais il est dès fois beaucoup plus complexe. En effet, il y a plusieurs types de majorités. Mais nous n'en retiendrons ici que deux à savoir :
  1. *La majorité simple :* Elle correspond à la majorité des voix des membres présents ou représentés à l'assemblée générale qui ont voté. Ce qui exclut donc les abstentionnistes dans le calcul de cette majorité. Elle concerne toutes les décisions de gestion courante

de l'institution, et suffit chaque fois que la loi n'a pas exigé une autre majorité. Ce qu'il faut noter ici donc c'est que ce type de majorité ne peut être requis que pour la prise de décision et ne saurait prévaloir pour la tenue de réunion ou d'assemblée générale. Dans quel cas au moins la majorité absolue est demandée en général.

2. *La majorité absolue :* Elle correspond à la majorité absolue de toutes les voix de tous les membres, qu'ils soient présents ou non à l'assemblée. C'est à- dire la moitié des voix plus un. Cette majorité est un principe démocratique très important car permettant que les décisions majeures qui engagent l'institution soient prises par le plus grand nombre. Cependant, lors d'une première convocation, si ce quorum n'est pas atteint, la loi permet qu'il soit procédé à une seconde convocation avec le même ordre du jour que lors de la première convocation. Et cette seconde convocation peut être faite dans les huit (08) ou quinze (15) jours qui suivent en fonction des textes de l'institution. A cette réunion quelque soit le nombre de présents l'assemblée peut délibérer valablement.

- Étudier les dossiers suivant l'ordre d'arrivée (en respectant les numéros des demandes);
- Respecter les horaires ;
- Éviter les réunions trop longues (si la réunion est bien menée, maximum 2 h à 3 h de temps) ;
- Participation de tous les membres à la prise de décisions ;
- Respect des principes suivants :
  - Impartialité ;
  - Confidentialité

-        Respect de la politique de crédit et des statuts.

Le Directeur Régional, le Chef d'Agence, le Superviseur, l'agent de crédit ou toute autre personne interne ou externe à l'organisation ne doit influencer d'aucune façon le comité de crédit dans sa prise de décisions.

Mais quels sont les principaux points que le comité de crédit devra examiner lors de sa réunion ? Il s'agit principalement de :

- La Présentation des plafonds par l'agent de crédit ;
- La Présentation de la situation du portefeuille ;
- La Vérification du P.V. par le secrétaire (numéros dossiers - signature - clarté - décision - date) ;
- La Présentation du dossier par l'agent de crédit (identification de l'emprunteur - objet du crédit, montant demandé - durée du prêt - analyse du compte épargne - description de l'activité ou de l'entreprise - résultats de l'entreprise - prise de garanties - identification caution - recommandation Directeur Régional) ;
- La décision doit être claire et précise en cas de refus ou d'ajournement préciser le motif ;
- Reporter la décision prise sur le P.V. par le secrétaire ;
- A la fin de la réunion, arrêter le P.V.

Il faut enfin noter qu'une réunion de comité de crédit ne doit pas uniquement consister à l'examen des dossiers de crédits. En effet, cette activité doit être le dernier point à l'ordre du jour. Avant cela, les points suivants devraient en principe être d'abord examinés à savoir :

- Le suivi du dernier PV :

    - *Est-ce que tous les dossiers accordés ont été déboursés, sinon pourquoi ?*

- L'Etat d'avancement des dossiers qui étaient en retard ;
- La situation du portefeuille

- Le montant disponible à prêter et enfin
- L'Etude des dossiers de crédit

Nous voyons donc que le comité de crédit joue un rôle extrêmement important au sein de l'institution de microfinance. Le Conseil d'Administration et le Comité de Crédit sont ce que nous appelons les organes d'administration et de gestion. A côté d'eux, il y a l'organe de contrôle qui se trouve être le Conseil de Surveillance et qui occupe une place centrale dans le dispositif de l'institution. Mais cet organe de contrôle ne sera pas examiné dans le cadre de ce guide. Vu sa spécificité, nous lui réserverons une étude qui lui est propre.

Nous avons vu tout au long de ce document que les membres du Conseil d'Administration et du Comité de Crédit sont tous des dirigeants élus. Il serait donc opportun de se poser la question à savoir quelles sont les qualités requises pour être un bon dirigeant. Ainsi quand on parle de dirigeant on parle forcément de gouvernance, mais de bonne gouvernance. Qu'est-ce alors que la bonne gouvernance

CHAPITRE VI : Bonne gouvernance et Systèmes Financiers Décentralisés

Le bon dirigeant est d'abord celui qui gouverne, mais qui gouverne bien. La gouvernance pourrait être définie comme étant les lois, valeurs, principes, politiques, règles, organes, etc. influant la manière dont l'entreprise est dirigée, administrée et contrôlée et visant la protection des intérêts des différents acteurs liés à une institution.

Ici, nous pensons principalement aux membres, aux sociétaires, mais également aux dirigeants et employés. *(Développement Desjardins)*

Ainsi donc, au regard de cette définition, nous pouvons dire qu'il y a des valeurs inhérentes à la gouvernance et surtout à la bonne gouvernance. Ces valeurs ont pour noms :

- Intégrité
- Equité
- Participation
- Efficacité
- Imputabilité

Tout bon dirigeant soucieux de la bonne marche de son institution devra faire siennes toutes ces valeurs. Il leur faut donc faire preuve d'éthique et de déontologie.

L'éthique réfère à la morale et se donne pour but de dire comment notre organisation doit se comporter envers les individus (communauté, membres, employés, etc.). Selon le dictionnaire l'éthique est la : « science de la morale : Art de diriger la conduite ».[1]

Quant à la déontologie, elle définit les règles et les devoirs qui régissent l'exercice d'une profession, d'une corporation professionnelle, d'une fonction, d'un métier. C'est un code régissant la conduite à tenir pour les membres d'une profession ou pour les individus chargés d'une fonction dans la société. C'est pourquoi chaque Institution de microfinance devra se doter d'un code d'éthique et de déontologie. L'on pourrait être tenté de nous demander à quoi peut bien servir ce code.[2]

- Guider l'organisation face aux comportements à adopter
- Prendre en compte les valeurs de l'organisation dans les actions, les décisions, la prise en charge de sa responsabilité sociale et la gouvernance en général

D'un point de vue externe :

- A maintenir notre réputation d'intégrité et de respectabilité
- A accroitre et maintenir la confiance de nos membres, de nos partenaires et notre communauté
- A maintenir un haut standard et un comportement sain dans nos interactions avec le milieu
- A permettre la durabilité de nos relations d'affaires et de notre engagement social

---

[1] Source Développement Desjardins, GOUVERNANCE : Rôle et responsabilités des élus des faitières fonctionnement d'un réseau

[2] Source Développement Desjardins, GOUVERNANCE : Rôle et responsabilités des élus des faitières fonctionnement d'un réseau

- A éviter les excès et les abus préjudiciables à l'ensemble des membres, employés, cadres, dirigeants
- A fournir une meilleure garantie de cohésion et d'esprit de corps
- A faciliter le respect entre les individus et l'esprit d'équipe
- A favoriser un plus grand sentiment de fierté et d'appartenance envers l'organisation[3]

Qui dit gouvernance, parle forcément de prise de décision. Cette prise de décision doit répondre à un certain nombre de principes. En effet parmi les fonctions majeures de l'équipe de gouvernance, la prise de décision est certainement la responsabilité la plus importante qui lui revient. La qualité et la pertinence des décisions prises auront un impact majeur sur le développement sécuritaire de l'institution.

Ainsi, parmi les trois styles de prise de décision les plus usités à savoir : la dictature, le consensus et le vote, l'équipe de gouvernance devra dans la mesure du possible privilégier toujours le consensus qui laisse le moins d'impacts négatifs sur l'institution.

En résumé nous pouvons dire qu'un bon dirigeant est celui qui :
- Assiste régulièrement aux réunions
- Connait les dossiers
- Participe activement à la vie de l'institution
- Use de discrétion

---

[3] Source Développement Desjardins, GOUVERNANCE : Rôle et responsabilités des élus des faitières fonctionnement d'un réseau

- Est solidaire des décisions de l'organe auquel il appartient
- Informe et explique
- Ne prend pas de décision seul
- Agit ou réagit dans l'intérêt de l'institution

A noter qu'aux termes de l'article 25 du décret 2008-1366 « tout membre d'organe peut démissionner de ses fonctions. La démission doit être faite, par écrit, à l'organe, dont il est membre. Les statuts précisent les conditions de recevabilité de la démission. »

Comme nous le constatons bien, les textes permettent à chaque membre d'organe qui le souhaite de se démettre librement de ses fonctions. Cependant cette démission répond à un certain nombre de critères. D'abord, la démission ne peut pas se faire verbalement, elle devra toujours être faite par écrit et le membre démissionnaire doit l'adresser à l'organe dont il est membre. Il est donc loisible à cet organe d'accepter ou non la démission et d'en notifier l'intéressé également par écrit. Ensuite les textes précisent que les conditions de recevabilités sont définies par les statuts de l'institution. Ce qui laisse entendre que la démission peut être rejetée. Les motifs de rejet peuvent être nombreux et ne peuvent être appréciés qu'au cas par cas.

Par ailleurs l'article 26 précise qu'« un membre d'organe peut être suspendu ou destitué pour faute grave, notamment pour violation des prescriptions légales, réglementaires ou statutaires. Il ne peut être destitué que par l'assemblée générale. Le membre destitué perdant le droit d'exercer toute fonction au sein de l'institution. »

Cette disposition est très importante et doit être bien comprise par les membres d'organes. En effet, il postule que seule l'Assemblée Générale peut destituer un membre d'organe. Et cette prérogative, l'AG ne la délègue à personne. Ensuite, un membre d'organe ne peut être suspendu ou destitué que pour faute grave. Mais en cas de destitution, ce membre d'organe ne peut plus agir au nom et pour le compte de l'institution.

CONCLUSION

Pour terminer, nous pouvons dire qu'un bon organe d'administration et de gestion est celui qui :

- Travaille dans la même direction, est engagé, Solidaire et efficace
- Priorise sur le plus important sur le superficiel
- Se concentre sur les résultats
- Evalue, planifie et surveille les risques
- Exige une information financière complète et à jour, compare et questionne
- Possède un bon processus démocratique de prise de décision et informe
- Règle les problèmes et conflits rapidement

Même si on semble dès fois l'ignorer, un Système Financier Décentralisé se reconnait parfois à la qualité de ses membres d'organes. Si nous voulons à l'avenir avoir des SFD forts, qui veulent toujours juguler et atteindre autant les objectifs de performance financière que sociale, il faudra inévitablement et de plus en plus investir dans les élus comme on le fait dans les ressources humaines (personnel technique). En effet, les premiers ne peuvent pas définir les orientations stratégiques de l'institution et administrer correctement les SFD s'ils ne sont pas à la hauteur, s'ils demeurent encore dans l'ignorance. C'est pourquoi, il urge de réfléchir en profondeur sur le mode de désignation de ces dirigeants élus mais aussi et surtout sur leur profil. Car à vrai dire, un SFD ne peut être performant, pérenne, stable et viable, si les dirigeants notamment élus- ne sont pas à la hauteur.

ANNEXES

EXTRAITS DE LA LOI 2008-47 DU 8 SEPTEMBRE 2008 PORTANT
REGLEMENTATION DE SFD

Chapitre 2 : Fonctionnement

Article 25 : Au sein d'un système financier décentralisé, les fonctions de gestion et de contrôle sont exercées par des organes distincts.

Article 26 : Sous réserve des dispositions particulières de la présente loi et des textes pris pour son application, les statuts des systèmes financiers décentralisés déterminent notamment l'objet et la durée de vie de l'institution, la localisation du siège social, les conditions d'adhésion, de suspension, de démission ou d'exclusion des membres, les modes d'administration et de contrôle.

Article 27 : Les statuts doivent être transmis au Ministre en ( ) exemplaire(s), dont ( ) déposé(s) au greffe de la juridiction compétente. Ils sont accompagnés de la liste nominative et curriculum vitae des membres des organes d'administration, de gestion et de contrôle du système financier décentralisé ou de ses agences avec l'indication de leur domicile. Toute modification ultérieure des statuts ou de la liste visée ci-dessus, ainsi que les actes ou délibérations dont résulte la nullité ou la dissolution d'un système financier décentralisé ou qui organisent sa liquidation sont soumis à une obligation de dépôt au greffe du tribunal et de déclaration écrite au Ministre, à la Banque Centrale ou à la Commission Bancaire, dans un délai d'un (1) mois à compter de la date de l'assemblée générale ayant statué sur ces modifications. Le greffier transmet copie de la liste susvisée et de ses modifications sous huitaine, sur papier libre, au procureur de la République.

Article 28 : Sont considérées comme dirigeants d'un système financier décentralisé, toutes personnes exerçant des fonctions de direction, d'administration, de contrôle ou de gérance de cette institution. Les personnes qui concourent à l'administration, au contrôle, à la direction, à la gérance ou au fonctionnement des systèmes financiers décentralisés sont tenues au secret professionnel, sous réserve des dispositions des articles 37, 43, 44 et 58 de la présente loi.

Article 29 : Nul ne peut diriger, administrer ou gérer un système financier décentralisé ou une de ses agences, s'il n'a pas la nationalité (...)5 ou celle d'un Etat membre de l'UMOA, à moins qu'il ne jouisse, en vertu d'une convention d'établissement, d'une assimilation aux ressortissants de (...). Le Ministre peut accorder, après avis conforme de la Banque Centrale, des dérogations individuelles aux dispositions du présent article. Les dirigeants pour lesquels la dérogation est sollicitée doivent être titulaires d'au moins une maîtrise ou d'un diplôme équivalent et justifier d'une expérience professionnelle de cinq (5) ans au moins dans le domaine des systèmes financiers décentralisés ou tout autre domaine de compétence jugé compatible avec les fonctions envisagées.

Tout dirigeant ou administrateur, ayant obtenu la dérogation à la condition de nationalité pour exercer dans un système financier décentralisé dans un Etat membre de l'UMOA, n'est pas tenu de solliciter une nouvelle dérogation, lorsqu'il change de fonction, de système financier décentralisé ou d'Etat.

Article 30 : Nul ne peut être membre d'un organe d'administration, de gestion ou de contrôle d'un système financier décentralisé, ni directement, ni par personne interposée, administrer, diriger, gérer ou contrôler un système financier décentralisé.

5. 5 Nationalité de l'Etat membre concerné.

EXTRAITS DU DECRET 2008 – 1366 DU 28 NOVEMBRE 2008 portant application de la loi relative à la réglementation des systèmes financiers décentralisés au Sénégal / PARTIE RELATIVE AUX ORGANES DES SFD

Section 2. Organes de l'institution

Article. 6. - Chaque institution est dotée des organes suivants :
- l'assemblée générale ;
- le conseil d'administration ;
- le comité de crédit ;
- l'organe de contrôle.
Les statuts et le règlement de l'institution précisent les règles de fonctionnement de ces organes.

Article. 7. - L'assemblée générale est l'instance suprême de l'institution. Elle est constituée de l'ensemble des membres ou de leurs représentants, convoqués et réunis à cette fin conformément aux statuts. L'assemblée ne peut délibérer sur une question qui n'est pas inscrite à l'ordre du jour. Néanmoins, elle peut, lorsqu'elle est réunie ordinairement, révoquer un ou plusieurs membres des organes des l'institution.

Article. 8. - L'assemblée générale peut prévoir la tenue d'assemblées de secteur, dont elle définit les modalités de fonctionnement.

Article. 9. - Sans que la présente énumération soit limitative, l'assemblée générale a compétence pour :
1° s'assurer de la saine administration et du bon fonctionnement de l'institution ;
2° modifier les statuts et le règlement ;
3° élire les membres des organes de l'institution et fixer leurs pouvoirs ;
4° créer des réserves facultatives ou tous fonds spécifiques, notamment un fonds de garantie ;
5° approuver les comptes et statuer sur l'affectation des résultats ;
6° adopter le projet de budget ;
7° fixer, s'il y a lieu, le taux de rémunération des parts sociales ;
8° définit et adopter la politique de crédit et de collecte de l'épargne de l'institution ;
9° créer toute structure qu'elle juge utile ;
10° traiter de toutes autres questions relatives à l'administration et au fonctionnement de l'institution.

Article. 10. – A l'exclusion des dispositions relatives aux modifications des statuts, à l'élection des membres des organes, à l'approbation des comptes et à l'affectation des résultats, l'assemblée générale peut déléguer certains de ses pouvoirs à tout autre organe de l'institution.

Article. 11. - L'assemblée générale ordinaire se réunit au moins une fois par an. Au plus tard dans les six mois qui suivent la clôture de l'exercice financier de l'institution, elle se réunit en vue notamment :
1° d'adopter le rapport d'activités de l'exercice ;
2° d'examiner et d'approuver les comptes des l'exercice ;
3° de donner quitus aux membres des organes de gestion ;
4° de nommer un commissaire aux comptes, le cas échéant.
Art. 12. - l'assemblée générale peut se réunir en session extraordinaire à la demande de la majorité des membres d'un organe d'administration et de gestion ou d'un organe de contrôle. Elle peut également se réunir à la demande des membres de l'institution dans les conditions fixées par les statuts.
Seuls les points mentionnés dans l'avis de convocation peuvent faire l'objet des délibérations de l'assemblée générale extraordinaire.

Article. 13. - Les organes d'administration et de gestion comprennent le conseil d'administration et le comité de crédit.

Article. 14. - Les membres du conseil d'administration sont élus par l'assemblée générale parmi ses membres. Le conseil d'administration veille au fonctionnement et à la bonne gestion de l'institution. A cet effet, il est chargé notamment :
1° d'assurer le respect des prescriptions légales, règlementaires et statutaires ;

2° de définir la politique de gestion des ressources de l'institution et de rendre compte périodiquement de son mandat à l'assemblée générale, dans les conditions fixées par les statuts et le règlement intérieur ;

3° de veiller à ce que les taux d'intérêt applicables se situent dans la limite des plafonds fixés par la loi sur l'usure et ;

4° d'une manière générale, de mettre en application les décisions de l'assemblée générale.

Article. 15. - Les membres du comité de crédit sont élus par l'assemblée générale parmi ses membres. Toutefois, ils peuvent être désignés par l'assemblée générale parmi les membres du conseil d'administration, conformément aux dispositions statutaires ou parmi le personnel de l'institution.